## Songbook zur Gitarrenschule

Alexander Espinosa

# Let's Play Guitar

**40 GITARREN KLASSIKER**
ohne Notenkenntnisse spielen!

## Pop Rock Hits

Mit Songs von Adele, Tim Bendzko, Lana Del Rey, Bruno Mars, Rihanna, James Blunt, OneRepublic uvm.

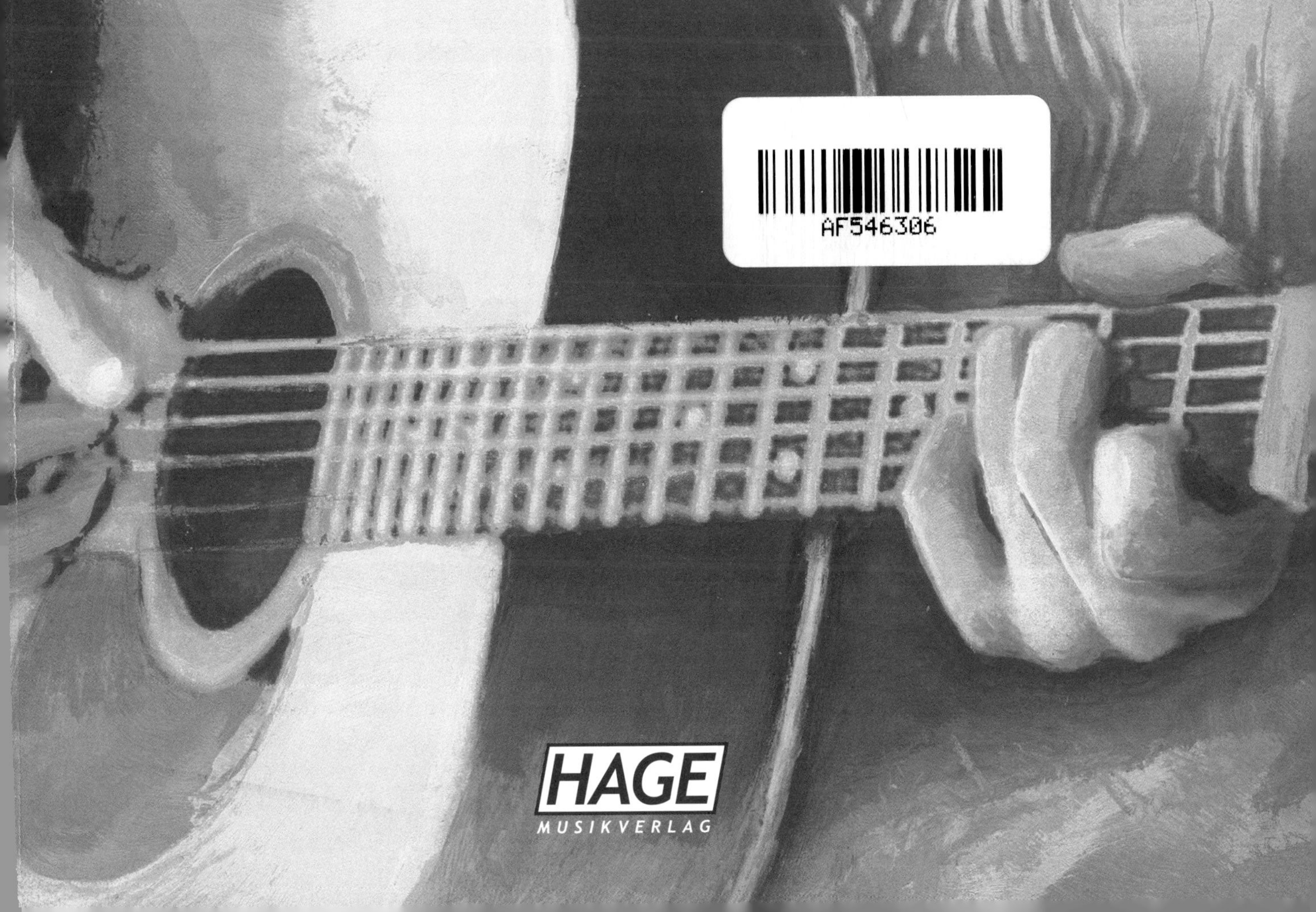



HAGE MUSIKVERLAG

# Vorwort

Let's Play Guitar Pop Rock Hits ist eine einzigartige Sammlung von 40 bekannten und beliebten Hits für Akustik-Gitarre. Das Songbook enthält vor allem aktuelle Lieder, die jeder kennt, aber auch die großen zeitlosen Hits, die einfach in das Repertoire jedes Gitarristen gehören. Aktuelle Pop- und Rocksongs von Triggerfinger, Adele und Bruno Mars, Rockklassiker von Metallica, Green Day oder Bryan Adams und Hits deutscher Superstars wie Silbermond und Udo Lindenberg machen das Buch abwechslungsreich und garantiert lagerfeuertauglich!

Mit der bewährten „Let's Play Guitar"-Methode können alle Stücke auch ohne Notenkenntnisse schnell erlernt werden. Anschaulich und leicht nachvollziehbar werden alle Songs mit Akkorddiagrammen, Begleitrhythmen und Liedtexten dargestellt. Lieder, bei denen gezupft wird, enthalten zusätzlich einfache Picking-Muster. Das Songbook ist für Anfänger und Fortgeschrittene gleichermaßen geeignet und ist die ideale Weiterführung der Gitarrenschule Let's Play Guitar. Einfach aufschlagen und losspielen!

Auf den zwei beiliegenden CDs kannst du dir die Stücke anhören und dazu spielen. Sie wurden aufwendig mit Gesang und Gitarre produziert und garantieren Spaß und Erfolg. Du lernst alle Songs in der Originaltonart, so kannst du auch zum Original mitspielen. Viele Titel können mit Hilfe eines Kapodasters mit einfachen Akkorden gespielt werden.


Eschenbach 542
91224 Pommelsbrunn, Deutschland
Telefon: +49 (0)9154 / 916940
Telefax: +49 (0)9154 / 916941
Mail: info@hagemusikverlag.de

A Hal Leonard production exclusively distributed by HAGE Musikverlag GmbH & Co. KG
Covergestaltung: Iris Haberkern, Susi Zech
Layout & Design: HAGE Musikverlag
Konzeption: Alexander Espinosa, Rainer Pink
Gesamtherstellung: Helmut Hage, Rainer Pink
Printed in Germany



■ Songbook + 2 CDs, Best.-Nr. EH 3851 ISBN 978-3-86626-297-3

Besuchen Sie uns im Internet! **www.hagemusikverlag.de**

# Inhalt

# All This Time Maria Mena

CD1 Track 01



**Musik: Maria Mena / Martin Sjolie**
**Text: Maria Mena**

## Akkorde (Kapodaster 6. Bund)

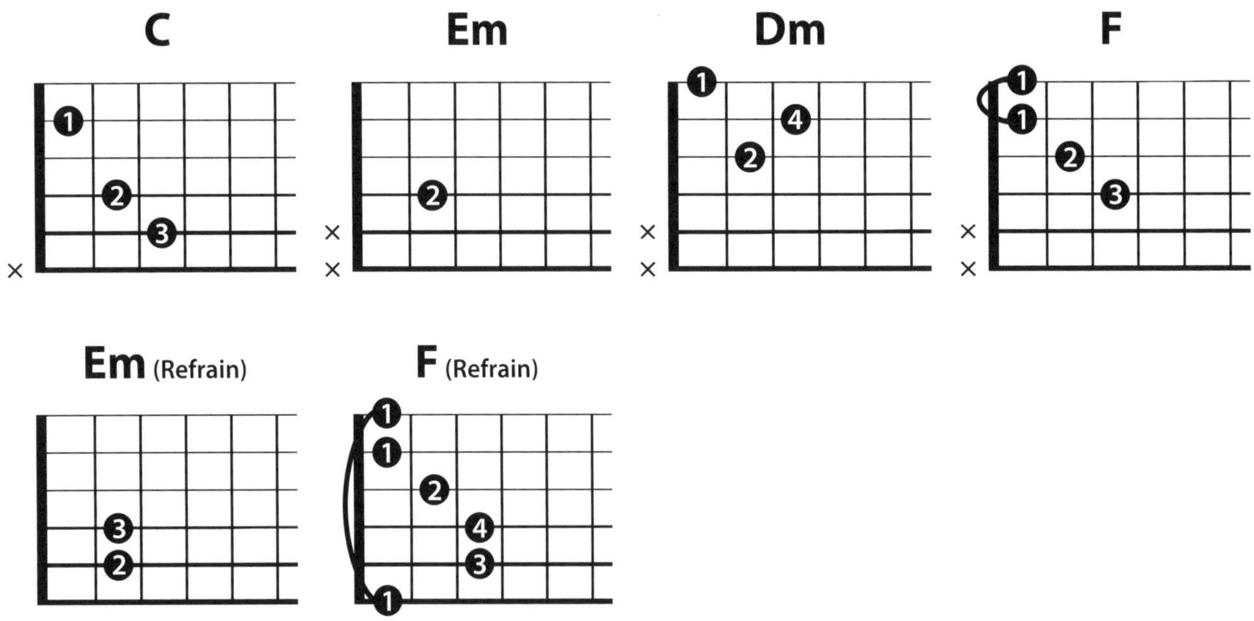


## Picking-Muster

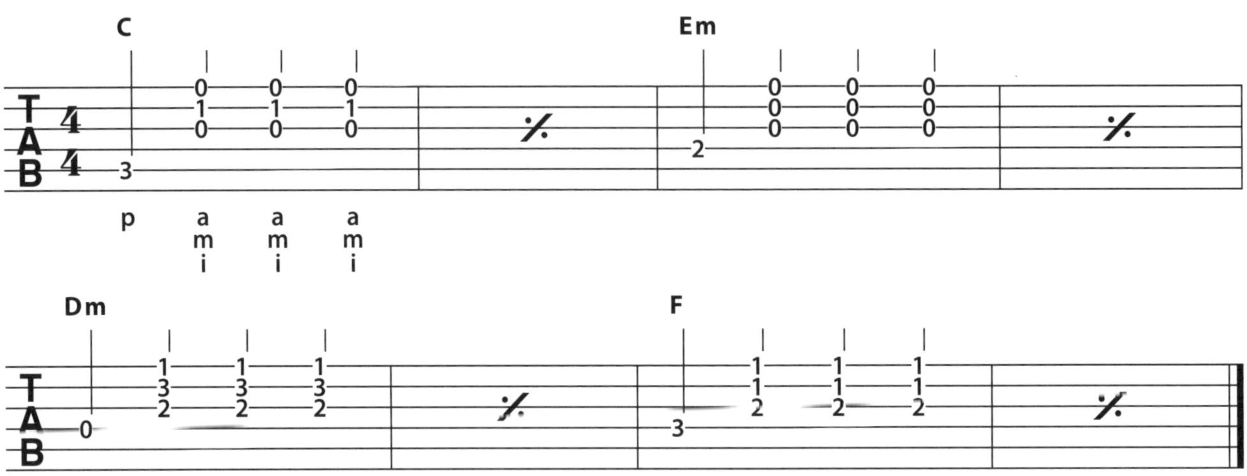


## Begleit-Rhythmus

**Refrain**

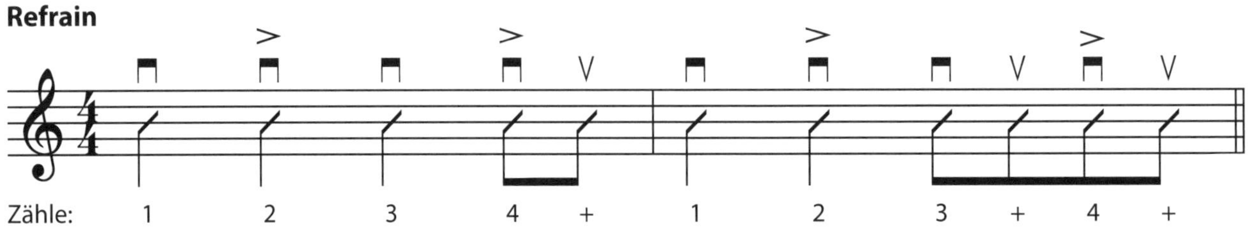

**Strophe 1**

C *(Abschlag)* | C | | Em |
You self-destruc- | tive little girl, | pick yourself up, |

Dm | | F | |
don't blame the world. | So you screwed | up, but you're gonna be | ok. | |

C | |
Now call your boy- | friend and apologize, |

Em | |
you pushed him pretty | far away last night. |

Dm | | F |
He really loves | you, you just don't always love | yourself. |

**Refrain**

C | | Em |
And | all this | time, ooh, | all this | time,

Am | | F | |
you've had it | in you, | just sometimes | need a push. | |

C | | Em | | Am |
All this | time, ooh, | all this | time, you've had it | in you, |

F | |
just sometimes | need a push. | |

**Interlude**

C *(Abschlag)* | C |

**Strophe 2**

C | |
Think all the mean | girls that pulled your hair, |

Em | |
are barefoot now | and pregnant there. |

Dm | | F |
And you write pop songs | and went to travel around | the world. |

**Refrain**

C | | Em |
And | all this | time, ooh, | all this | time, ...

**Strophe 3**

C | |
So you've had some de- | tours, some stupid men, |

Em | |
now we know what not | to do again. |

Dm | F | F *(Abschlag)*
Besides, you looked out, | fi- | nally. |

**Refrain (3x)**
*(1. Mal nur Abschläge)*

C | | Em | | Am |
And | all this | time, ooh, | all this | time, you've had it | in you, |

F | |
just sometimes | need a push. | |

**Ending**

C | Em | Am | F | C

# **Ayo Technology** Milow

CD1 Track 02



**Musik und Text: Justin Timberlake / Timothy Z. Mosley / Curtis Jackson / Floyd Hills**

## Akkorde (Kapodaster 7. Bund)

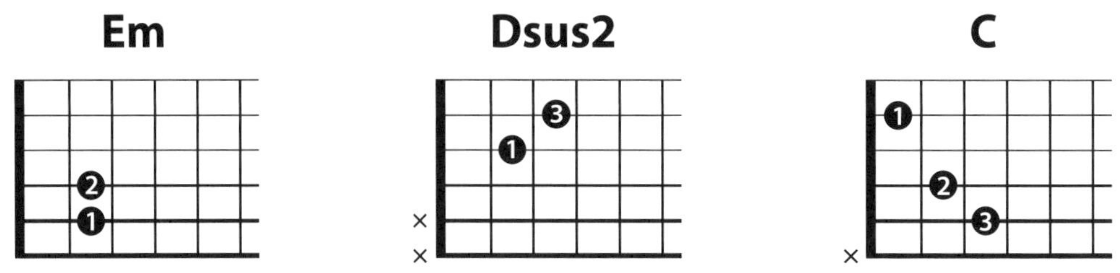


## Begleit-Rhythmus

### Intro, Strophe, Refrain, Interlude 1

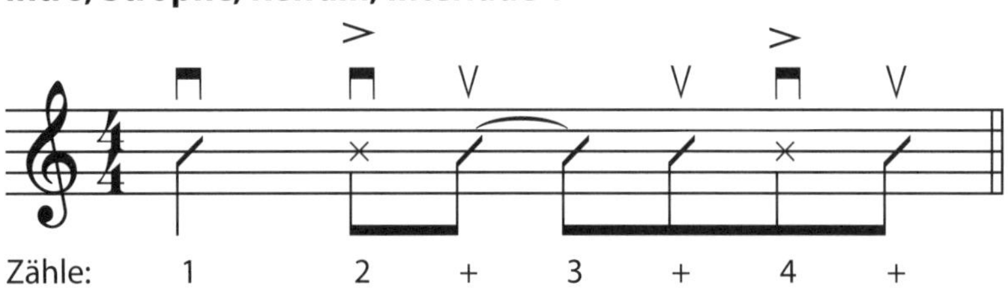


**Tipp:** *Die X-Notenköpfe bedeuten, dass du die Saiten mit dem Handballen der rechten Hand abstoppst.*

### Interlude 2

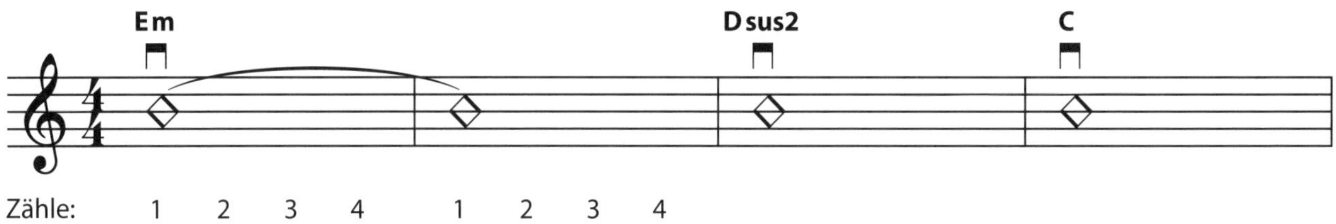


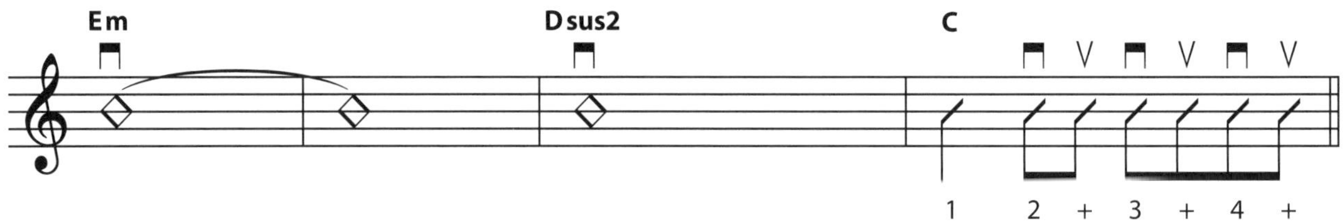


**Intro** | **Em** | | **Dsus2** | **C**

**Strophe 1**

**Em**
She | work it girl, she work the pole. She | break it down, she take it low.

**Dsus2** **C**
She's | fine as hell, she 'bout the dough, she | do her thing right on the floor.

**Em** **Dsus2**
Her | money money, she makin'. Look | at the way she shakin'. Make you | wanna touch,

**C** **Dsus2** **C**
you wanna taste it, have you | lustin' for her. | Goin' crazy | face it.

**Strophe 2**

Em
She's so much more than you're used to, knows just how to move to seduce you.
Dsus2
She gon' do the right thing and touch the right spot,
C Em
dance in you're lap till you're ready to pop. She's always ready, when you want it she want it.
Dsus2 C Em
Like a nympho, the info show you where to meet her on the late night, till daylight the club.
Dsus2 C
Jump in if you want a good time, she gon' give you what you want.

**Refrain 1**

Em Dsus2
Baby it's a new age, you like my new craze. Let's get together,
C Em
maybe we can start a new phase. The smoke's got the club all hazy,
Dsus2 C
spotlights don't do you justice baby. Why don't you come over here? You got me saying:
Em Dsus2 C
Ayo, I'm tired of using technolo- gy. Why don't you sit down on top of me?
Em Dsus2 C Dsus2 *(Abschlag)*
Ayo, I'm tired of using technolo- gy. I need you right in front

**Interlude 1**

Em Dsus2 C
of me.

**Strophe 3**

Em Dsus2
In her fantasy, there's plain to see, just how it be, you an' me, backstrokin', sweat soaking,
C Em
all into my set sheets. When she's ready to ride, I'm ready to roll.
Dsus2
I'll be in this bitch till the club close. What should I do on all fours?
C Em
Now that that shit should be against the law. Different style, different move,
Dsus2
damn, I like the way you move. Girl you got me thinking 'bout
C Em
all the things I do to you. Let's get it poppin' shorty, we can switch positions
Dsus2 C
from the couch to the counters in my kitchen.

**Refrain 2**

Em Dsus2
Baby it's a new age, you like my new craze. Let's get together, ...
Em Dsus2 C
... Ayo, I'm tired of using technolo- gy. I need you right in front of me.

**Interlude 2**

Em Dsus2 C
Ooh, she wants it, ooh, she wants it. Hmm, she wants it, I got to give it to her.
Em Dsus2 C
She wants it, hmh, she wants it. Hmm, she wants it, I got to give it to her.
Em Dsus2 C
I got to give it to her.

**Refrain 3**

Em Dsus2
Baby it's a new age, you like my new craze. Let's get together, ...
Em Dsus2 C *rit.* Em *(Abschlag)*
... Ayo, I'm tired of using technolo- gy. I need you right in front of me.

# Behind Blue Eyes Limp Bizkit

CD1 Track 03



**Musik und Text: Pete Townshend**

## Akkorde

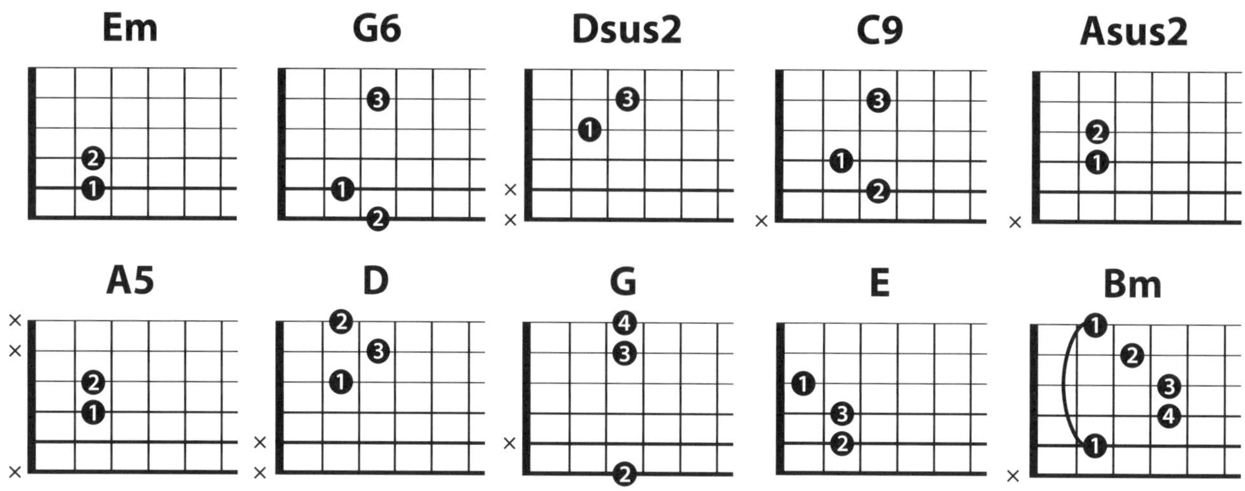


## Picking-Muster

### Intro, Strophe 2 und 3, Bridge

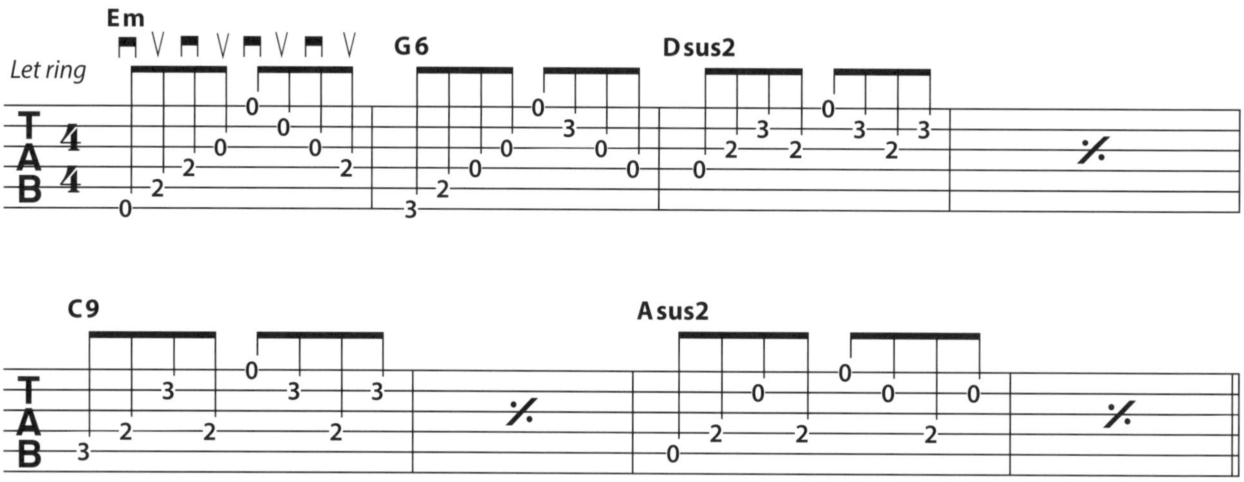


### Strophe 1, Ending

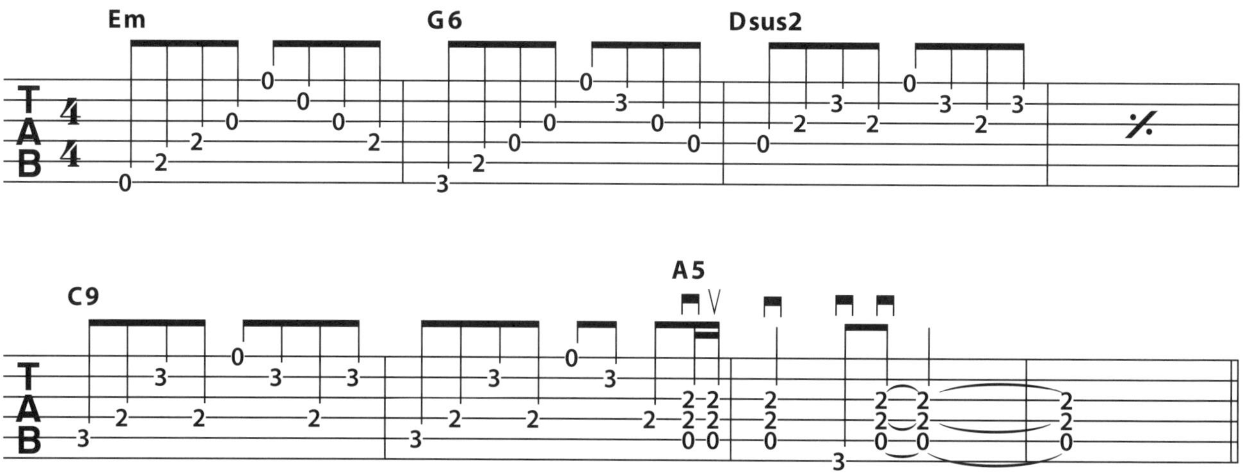

**Refrain**

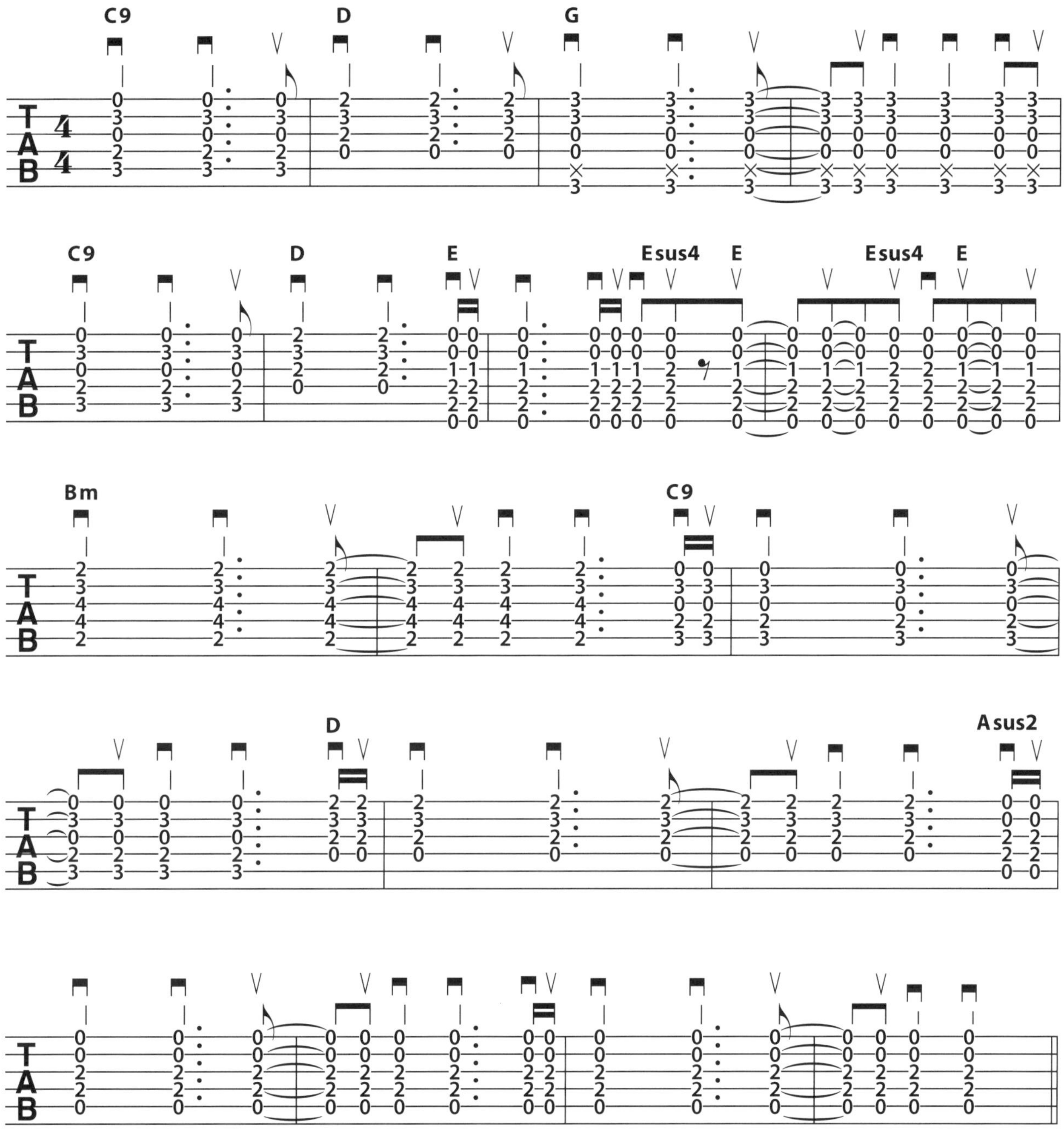

**Intro**

Em | G6 | Dsus2 | C9 | Asus2 |

**Strophe 1**

Em / G6 / Dsus2
No one knows what it's | like to be the | bad man,

C9 / A5
to be the | sad man | be- | hind blue eyes.

Em / G6 / Dsus2
And | no one knows what it's | like to be | hated,

C9 / A5
to be | faded, | to telling | only lies.

**Refrain**

C9 / D / G / C9 / D / E(sus4)
But my | dreams | they aren't as | empty | as my | conscience | seems to | be.

Bm / C9 / D / Asus2
I have | hours | only | lonely. | My love is | vengeance, | that's never | free. | | |

**Strophe 2**

Em / G6 / Dsus2
No one knows what it's | like to feel these | feelings,

C9 / Asus2
like I | do, | and I blame | you. |

Em / G6 / Dsus2
No one bites back as | hard on their | anger.

C9 / Asus2
None of my | pain woe | can show | through.

**Refrain**

C9 / D / G / C9 / D / E(sus4)
But my | dreams | they aren't as | empty | as my | conscience | seems to | be. ...

**Bridge**

Em | G6 | Dsus2 | C9 | Asus2 |

Em | G6 | Dsus2 | C9 | Asus2 |

**Strophe 3**

Em / G6 / Dsus2
No one knows what it's | like to be mis- | treated,

C9 / Asus2
to be de- | feated | be- | hind blue eyes.

Em / G6 / Dsus2
And | no one knows how to | say that they're | sorry

C9 / Asus2
and don't | worry. | I'm not | telling lies.

**Refrain**

C9 / D / G / C9 / D / E(sus4)
But my | dreams | they aren't as | empty | as my | conscience | seems to | be. ...

**Ending**

Em / G6 / Dsus2
No one knows what it's | like to be the | bad man,

C9 / A5
to be the | sad man | be- | hind blue eyes.

# Broken Strings James Morrison Feat. Nelly Furtado

CD1 Track 04



**Musik und Text: Nina Woodford / James Morrison / Fraser T. Smith**

## Akkorde (Kapodaster 1. Bund)

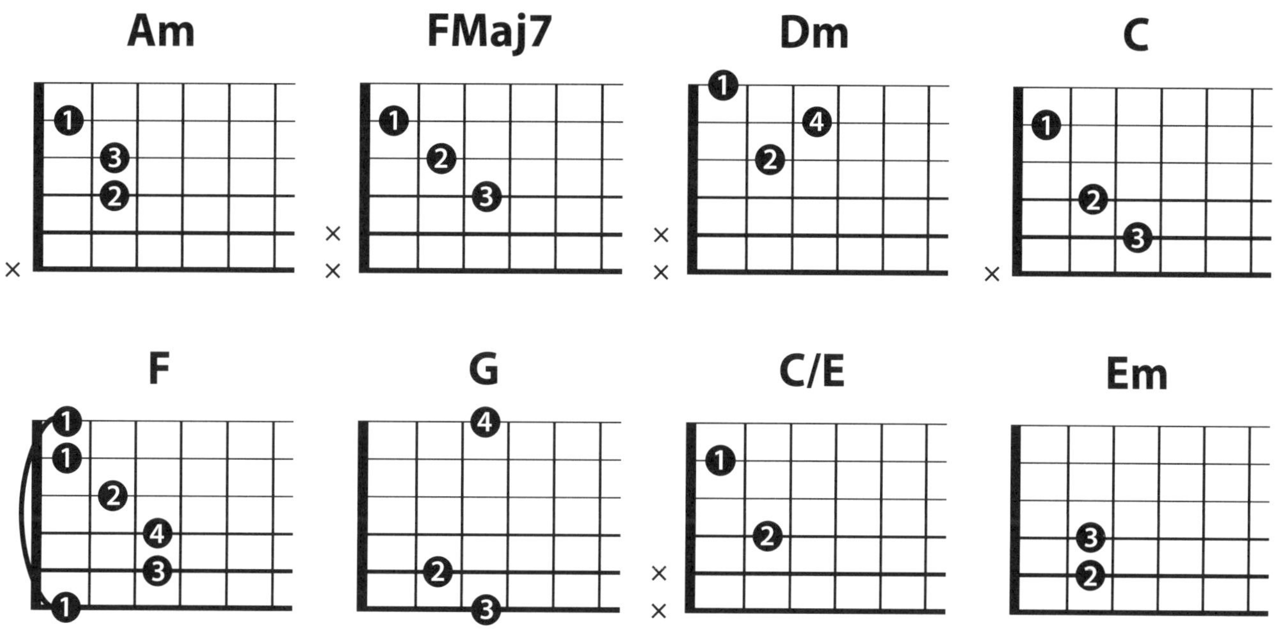


## Begleit-Rhythmus

### Refrain, Interlude, Ending

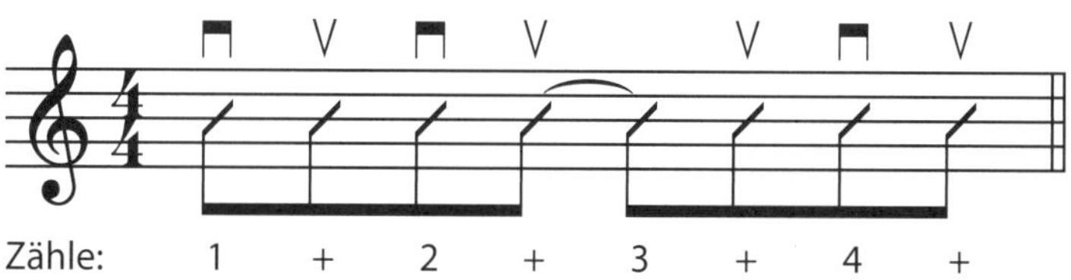

## Strophe

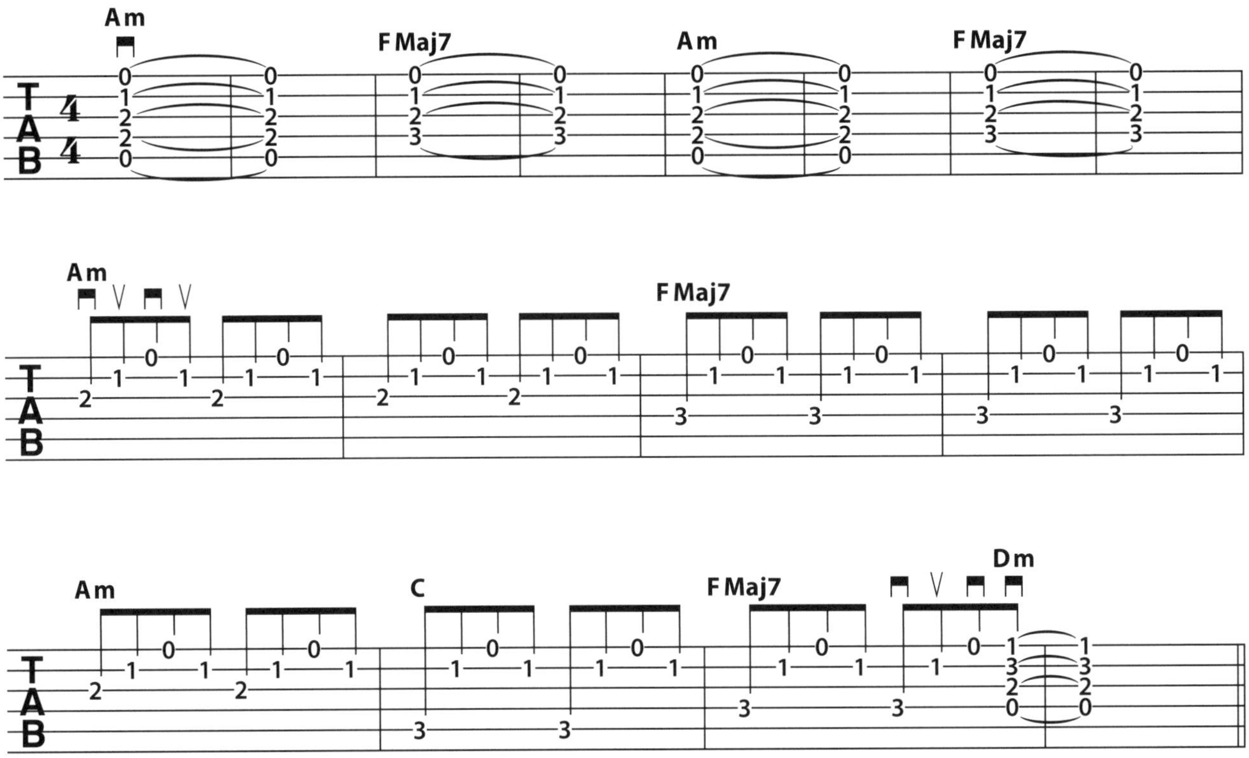


## Bridge

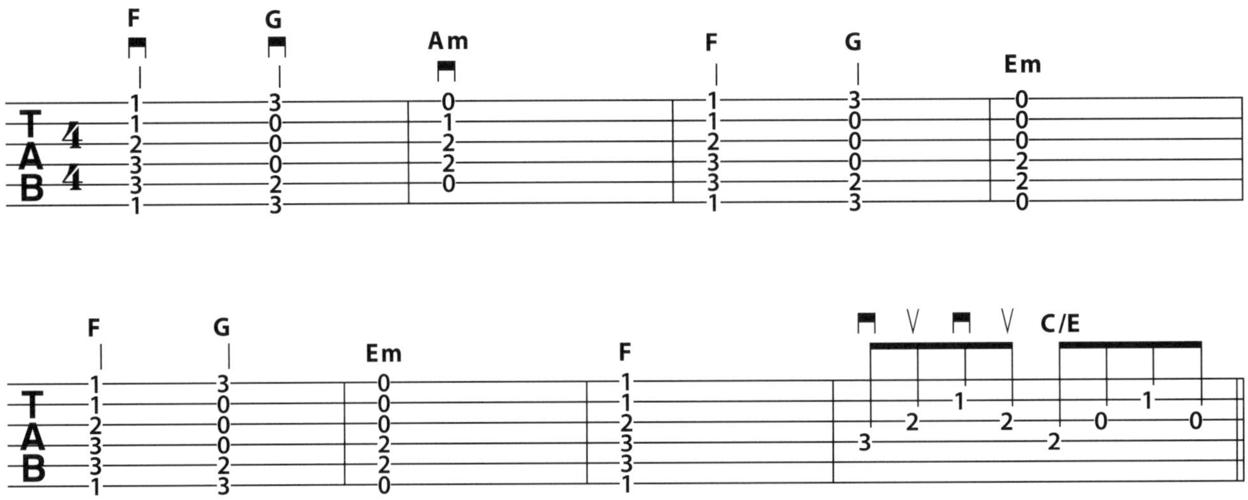

**Strophe 1**

Let me | **Am** hold you for the | last time. It's the | **FMaj7** last chance to feel a- | gain.

But you | **Am** broke me, now I | can't feel any- | **FMaj7** thing. |

When I | **Am** love you I'm so | untrue. I can't | **FMaj7** even convince my- | self.

While I'm | **Am** speaking it's the | **C** voice of someone | **FMaj7** else. | **Dm**

**Bridge**

Oh, it | **F** tears **G** me | **Am** up. I | **F** try to hold **G** on but it | **Em** hurts too much.

I | **F** try to **G** forgive but it's | **Em** not enough. To | **F** make it all okay. | **C/E**

**Refrain**

You can't | **Dm** play on broken | **Am** strings. You can't | **C** feel any- | **G** thing

that your | **Dm** heart don't want to | **Am** feel. I can't | **C** tell you something that ain't | **G** real.

Oh, the | **F** truth hurts a | **Am** lie's worse. | **C** How can I give any- | **G** more.

When I | **Dm** love you a little | **Am** less than be- | **G** fore. |

**Strophe 2**

Oh, what | **Am** are we | doing, we are | **FMaj7** turning into | dust.

Playing | **Am** house in the | ruins of | **FMaj7** us. |

Running | **Am** back through the | fire. When there's | **FMaj7** nothing left to | save.

It's like | **Am** chasing the very | **C** last train when it's too | **FMaj7** late, too | **Dm** late.

**Bridge**

Oh, it | **F** tears **G** me | **Am** up. I | **F** try to hold **G** on but it | **Em** hurts too much. ...

**Refrain**

You can't | **Dm** play on broken | **Am** strings. You can't | **C** feel any- | **G** thing ...

**Interlude**

But we're | **FMaj7** running through the | **Am** fire. When there's | **C** nothing left to | **F** save.

It's like | chasing the very | **Am** last train. When we | **C** both know it's too | **Em** *(Abschlag)* late, too | late.

**Refrain**
*(Abschläge für 7 Takte)*

You can't | **Dm** play on broken | **Am** strings. You can't | **C** feel any- | **G** thing ...

**Ending**

Oh, you losing when you | **Dm** love you a little | **Am** less, than be- | **G** fore. |

*(nur Abschläge)*

Let me | **Am** hold you for the | **C** last time. It's the | **G** last chance to feel a- | **FMaj7** gain.

# Boulevard Of Broken Dreams Green Day

CD1 Track 05



**Musik und Text: Billie Joe Armstrong / Frank E. Wright III / Michael Pritchard**

## Akkorde (Kapodaster 1. Bund)

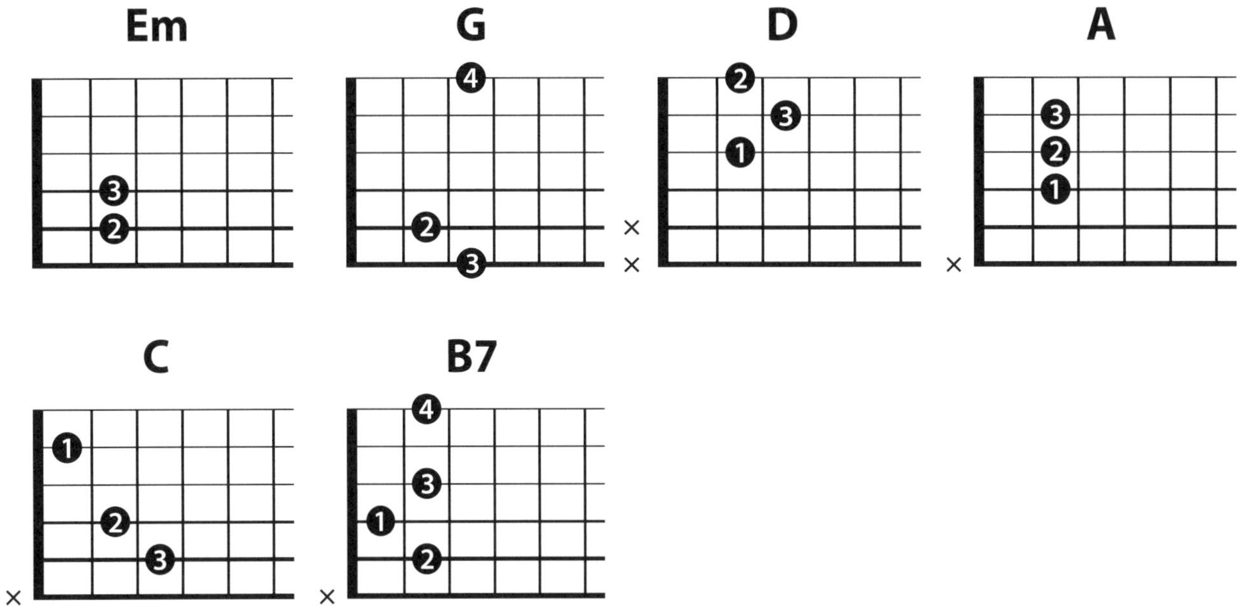


## Begleit-Rhythmus

**Intro, Strophe 3**

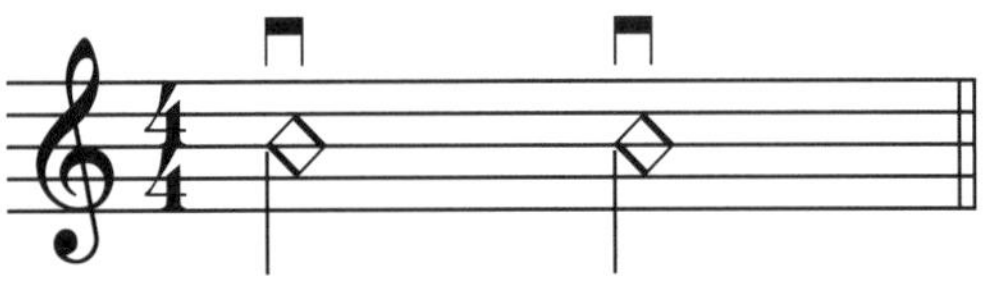

Zähle: 1 2 3 4

**Strophe 1 und 2, Bridge**

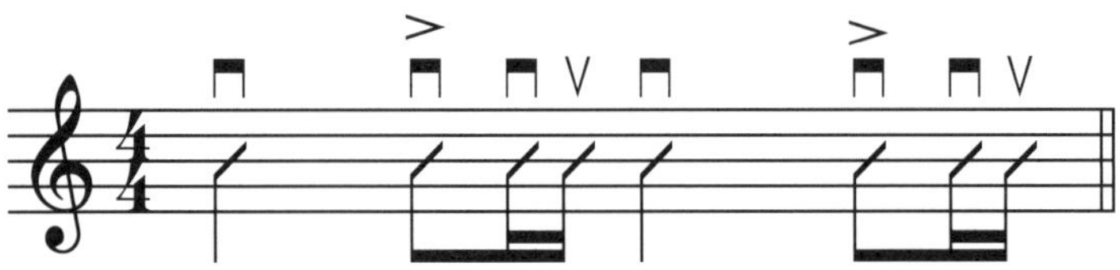

Zähle: 1 e + e 2 e + e 3 e + e 4 e + e

**Refrain**

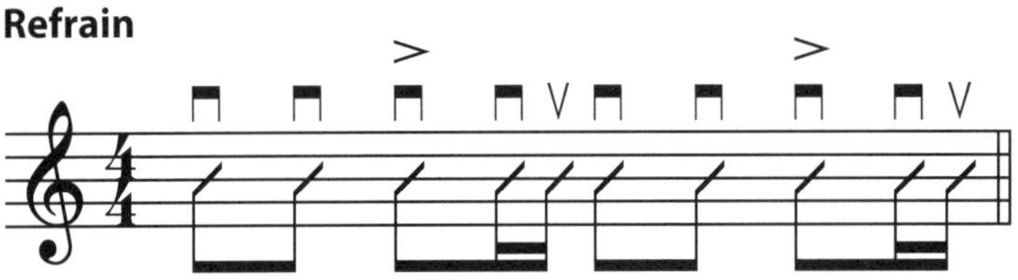

Zähle: 1 e + e 2 e + e 3 e + e 4 e + e

**Intro**

Em G | D A | Em G | D A |

**Strophe 1**

Em G | D A | Em
I walk a lonely road, the | only one that I have ever | known.

G | D A | Em G | D A |
Don't know where it goes, | but it's home to me and I walk a- | lone. | |

Em G | D A | Em
I walk this empty street, | on the Boulevard of Broken | Dreams.

G | D A | Em G |
Where the city sleeps, and | I'm the only one and I walk a- | lone. |

D A | Em G | D A |
I walk alone, I walk a- | lone. | I walk alone, I walk a... |

**Refrain**

C G | D Em |
My shadow's | only one that walks beside me. |

C G | D Em |
My shallow | heart's the only thing that's beating. |

C G | D Em | C G | B7 |
Sometimes I | wish someone out there will find me. | 'Til then I | walk alone. |

**Bridge 1**

Em G | D A | Em G | D A |
Ah-ah, ah-ah, | ah-ah, aaah- | ah. Ah-ah, ah-ah, | ah-ah. |

**Strophe 2**

Em G | D A | Em
I'm walking down the line, | that divides me somewhere in my | mind.

G | D A | Em G | D A |
On the border line, | of the edge and where I walk a- | lone. | |

Em G | D A | Em
Read between the lines, | what's fucked up and everything's al- | right.

G | D A | Em G |
Check my vital signs, to | know I'm still alive and I walk a- | lone. |

D A | Em G | D A |
I walk alone. I walk a- | lone. | I walk alone. I walk a... |

**Refrain**

C G | D Em |
My shadow's | only one that walks beside me. | ...

**Bridge 2**

Em G | D A | Em G | D A |
Ah-ah, ah-ah, | ah-ah, aaah- | -ah. Ah-ah, ah-ah. | I walk alone. I walk a... |

**Strophe 3**

Em G | D A |
I walk this empty street, | on the Boulevard of Broken |

Em G | D A |
Dreamswhere the city sleeps, and | I'm the only one and I walk a. |

**Refrain**

C G | D Em |
My shadow's | only one that walks beside me. | ...

**Bridge 3**

Em G | D A | Em G | D A
Ah-ah, ah-ah, | ah-ah, aaah- | -ah. Ah-ah, ah-ah. | I walk alone.

**Ending**

| Em
I walk a- | lone.

# California King Bed Rihanna

CD1 Track 06



**Musik und Text: Jermaine Jackson / Robyn Fenty / Priscilla Hamilton / Andrew Harr / Alexander Delicata**

## Akkorde

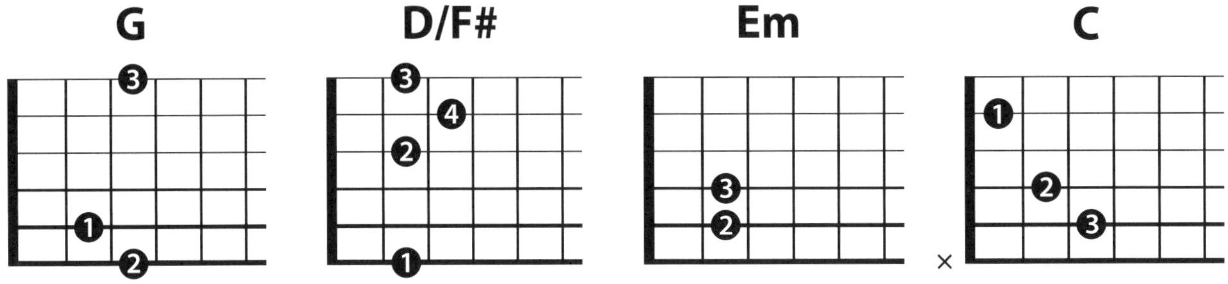


***Tipp!*** *Hier wurden die Akkorde „G/B", „C9" sowie „Dsus2/F#" aus Gründen der Übersichtlichkeit weggelassen. Beachte die Tabulatur für die genaue Spielweise.*

## Picking-Muster und Begleit-Rhythmus

### Intro

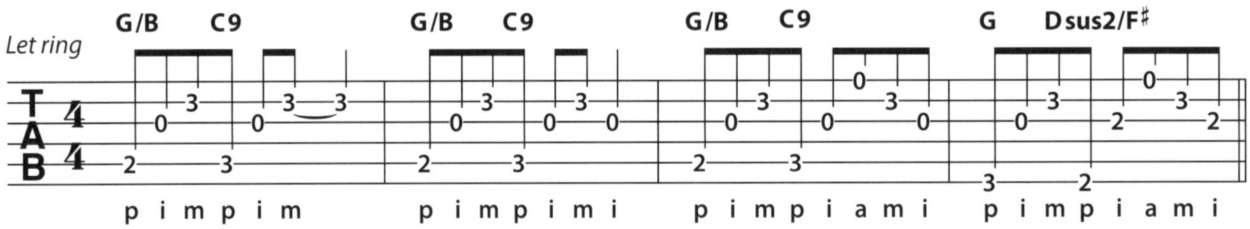


### Strophe

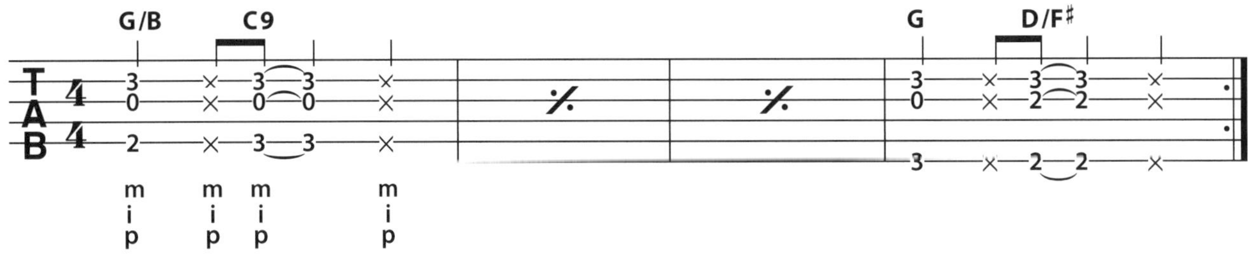


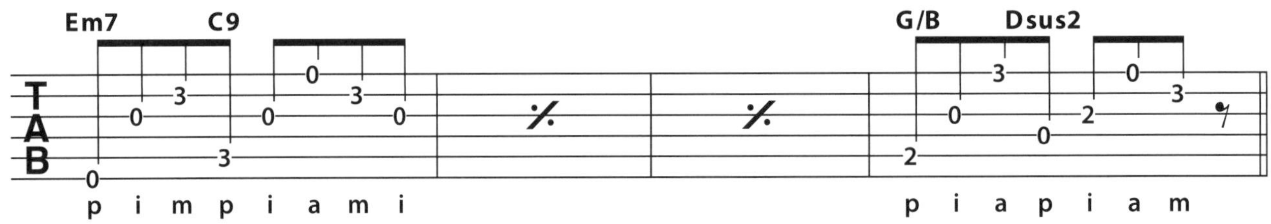


***Tipp:*** *Bei den perkussiven „X-Noten" schlägst du mit der Anschlagshand auf die Saiten.*

**Refrain, Interlude**

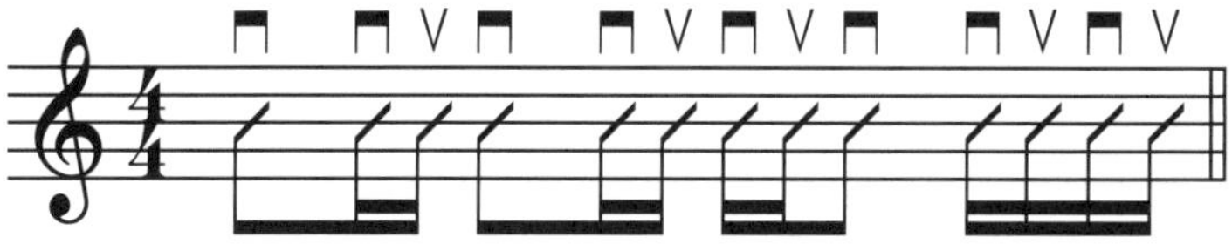

Zähle: 1 e + e 2 e + e 3 e + e 4 e + e

**Bridge**

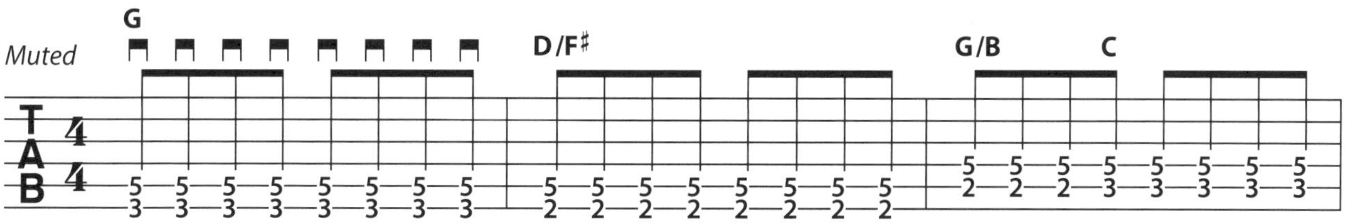


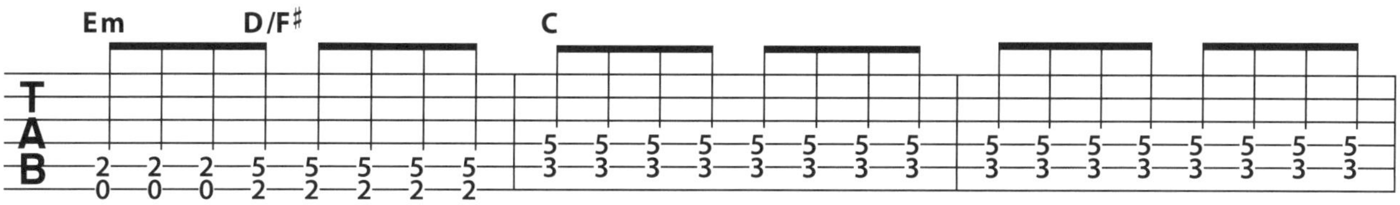


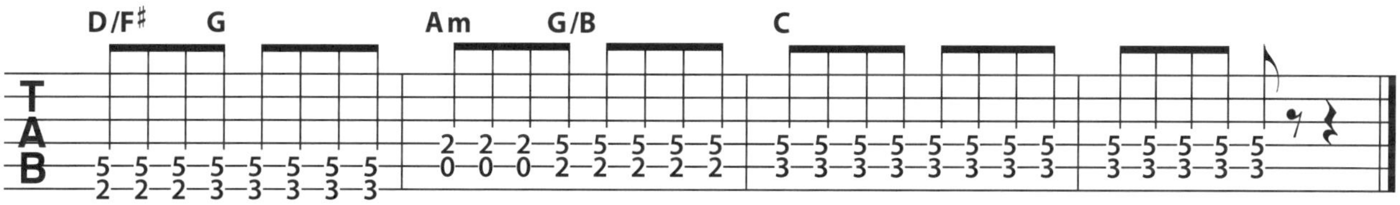


***Tipp:** Hier spielst du abgedämft, indem du mit dem Handballen der Anschlagshand leicht auf die Saiten drückst.*

**Intro** | G/B C9 | G/B C9 | G/B C9 | G Dsus2/F# |

**Strophe 1**
G/B C9 | G/B C9 | G/B C9 | G D/F#
Chest to chest, | nose to nose, | palm to palm, we were | always just that close. |
G/B C9 | G/B C9 | G/B C9 | G D/F#
Wrist to wrist, | toe to toe, | lips that felt just like the | inside of a rose.
Em7 C9 | Em7 C9
So | how come when I reach out my | finger.
Em7 C9 | G/B Dsus2
It | feels like more than distance be- | tween us.

**Refrain 1**
G | D/F# | Em | C
In this | California | king bed, we're ten | thousand miles a- | part.
G | D/F# | Em
I'll be | California | wishing on these | stars.
C | G *(Abschlag)*
Warmed your heart for | me, my California | king. |

**Strophe 2**
G/B C9 | G/B C9 | G/B C9 | G D/F#
Eye to eye, | cheek to cheek, | side by side, you were | sleeping next to me. |
G/B C9 | G/B C9 | G/B C9
Arm in arm, | dusk to dawn, with the | curtains drawn,
G D/F# | Em7 C9 | Em7 C9
and a little | last night on these sheets. | So how come when I reach out my | finger.
Em7 C9 | G/B Dsus2
It | seems like more than distance be- | tween us.

**Refrain 1**
G | D/F# | Em | C
In this | California | king bed, we're ten | thousand miles a- | part. ...

**Bridge**
G | D/F#
Just when I felt like giving up on us, | you turned around and gave me one last touch. |
G/B C | Em D/F#
That made everything feel better, | and even then my eyes got wetter. |
C
So confused, wanna ask you if you love me, | but I don't wanna seem so weak. |
D/F# G | Am G/B | C
Maybe I've been | Cali-fornia | dreaming. | Yeah!

**Refrain 2**
G | D/F# | Em | C
In this | California | king bed, we're ten | thousand miles a- | part.
G | D/F# | Em
And | California | wishing on these | stars. Warmed your heart
C | G | D/F# | Em | C | G | D/F# | Em C
for | me, my California | king. | My California | king. | C | G | D/F# | Em C

**Refrain 1**
G | D/F# | Em | C
In this | California | king bed, we're ten | thousand miles a- | part.
G | D/F# | Em
I'll be | California | wishing on these | stars.
C | G
Warmed your heart for | me, my California | king.

# **Grenade** Bruno Mars

CD1 Track 07



**Musik und Text: Bruno Mars / Philip Lawrence / Ari Levine / Claude Kelly / Andrew Wyatt / Christopher Brown**

## Akkorde (Kapodaster 5. Bund)

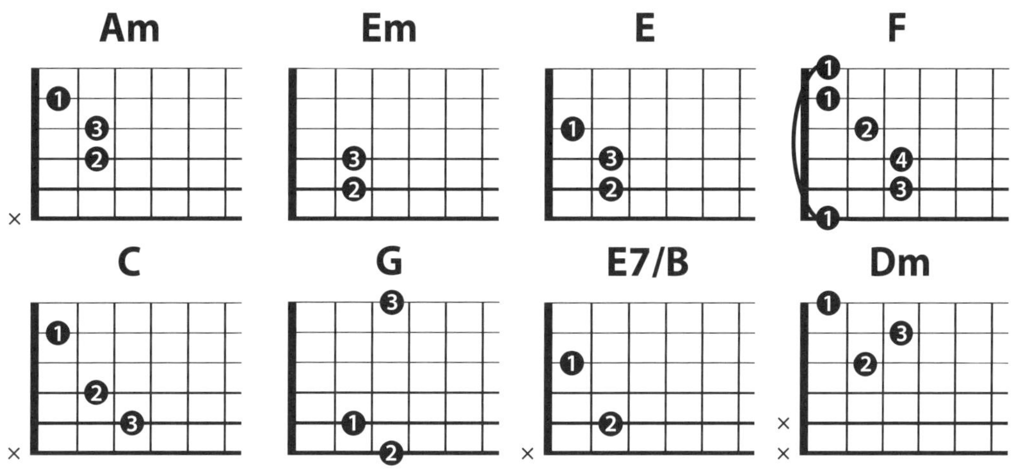


## Picking-Muster

### Strophe, Interlude, Ending

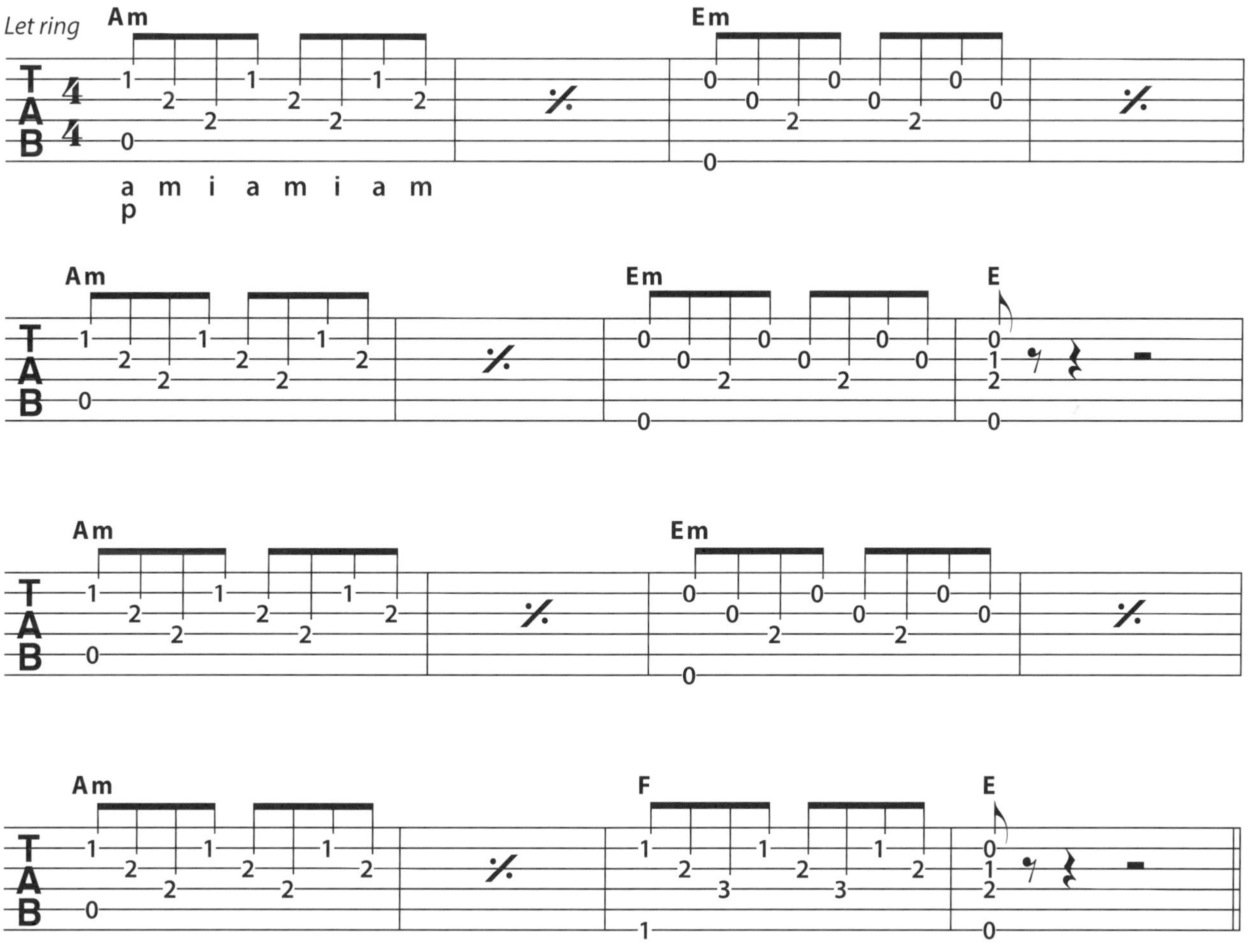

**Refrain**

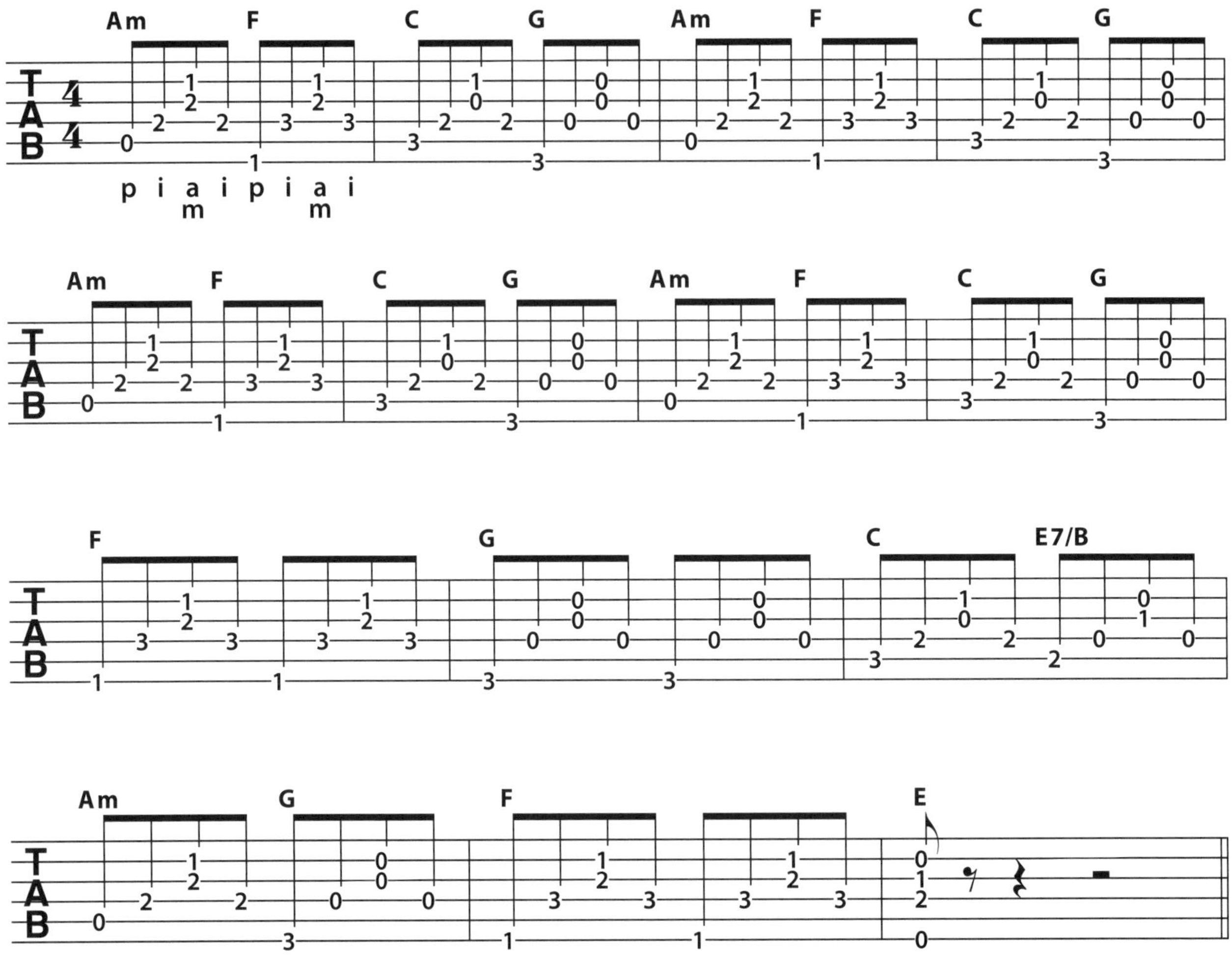


**Bridge**

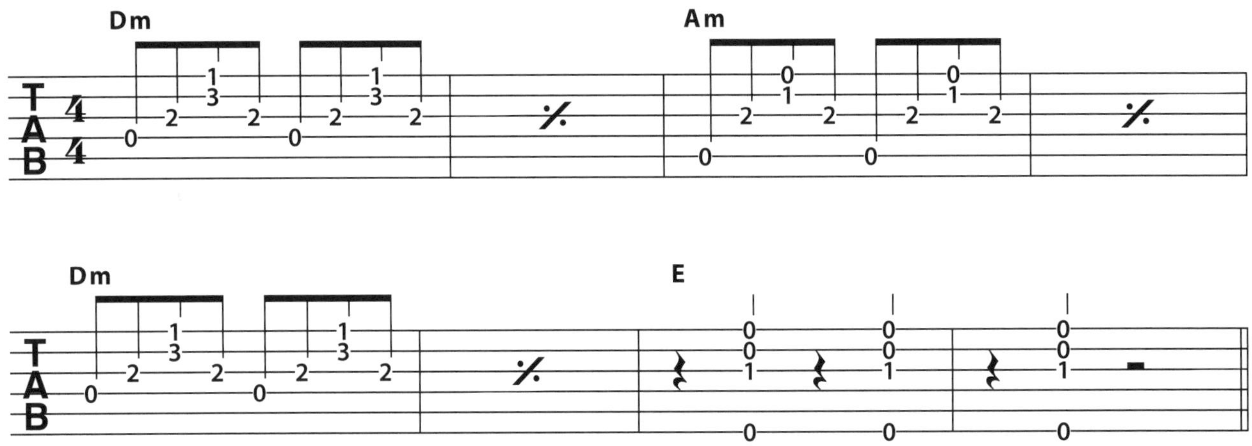

**Strophe 1**

Am | | Em |
Easy come, easy go, | that's just how you live, oh. | Take, take, take it all, |

| Am | |
but you never give. | Should've known you was trouble, | from the first kiss.

| Em | E |
Had your | eyes wide open, | why were they open? |

Am | | Em |
Gave you all I had and you | tossed it in the trash. You | tossed it in the trash, you | did.

| Am | | F | E
To | give me all your love is | all I ever asked, | 'cause what you don't under- | stand is:

**Refrain**

| Am F | C G | Am F |
I'd catch a gre- | nade for ya. | Throw my hand on a | blade for ya. |

C G | Am F | C G | Am F | C G
I'd jump in front of a | train for ya. | You know I'd do any- | thing for ya, | oh oh.

| F | G | C E7/B | Am
I would | go through all of this | pain, take a | bullet straight through my | brain.

G | F | E |
Yes, I would | die for ya, baby, | but you won't do the same. |

**Interlude**

Am | Em | |
| No, no no noo. | |

**Strophe 2**

Am | | Em
Black, black, black and blue, | beat me 'til I'm numb. Tell the | devil I said "Hey"

| |
when you get | back to where you're from. |

Am | | Em
Mad woman, bad woman, | that's just what you are. Yeah, you'll | smile in my face

| E | Am |
then rip the | brakes out my car. | Gave you all I had and you | tossed it in the trash.

| Em |
You | tossed it in the trash, you did. |

| Am | | F | E
To | give me all your love is | all I ever asked, | 'cause what you don't under- | stand is:

**Refrain**

| Am F | C G | Am F |
I'd catch a gre- | nade for ya. | Throw my hand on a | blade for ya. | ...

**Bridge**

Dm | | Am | |
If my | body was on fire, | ooh, you'd | watch me burn down in flames. |

Dm | | E | | |
You said you | loved me, you're a liar, 'cause you | never, ever, | ever did, ba- | by!

**Interlude**

Am | F | E
| But | darling

**Refrain**

| Am F | C G | Am F |
I'd still catch a gre- | nade for ya. | Throw my hand on a | blade for ya. | ...

**Ending**

Am | Em | | Am |
| No, you won't do the | same. | You wouldn't do the | same. |

| Em | |
Ooh, you'd never do the | same. | No, no no noo. |

# **Cello** Udo Lindenberg Feat. Clueso

CD1 Track 08



**Musik und Text: Udo Lindenberg**

## Akkorde (Kapodaster 3. Bund)

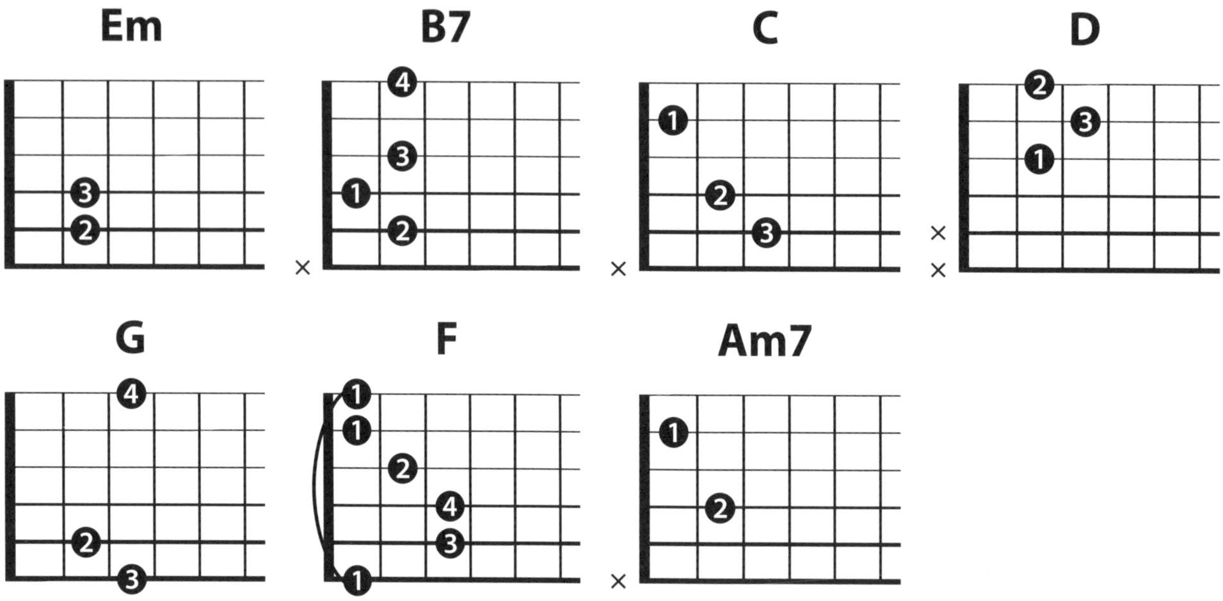


## Begleit-Rhythmus

### Intro

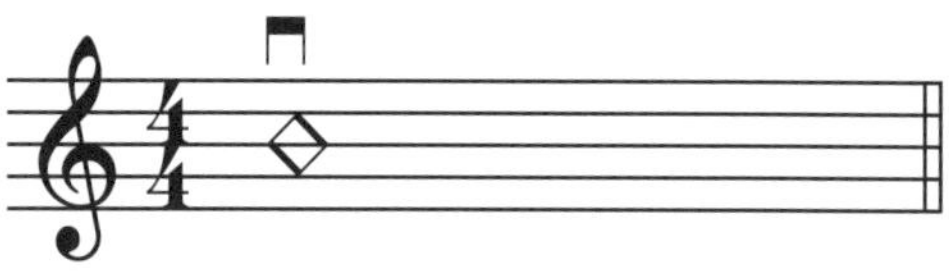

Zähle: 1 2 3 4

### Strophe, Refrain, Ending

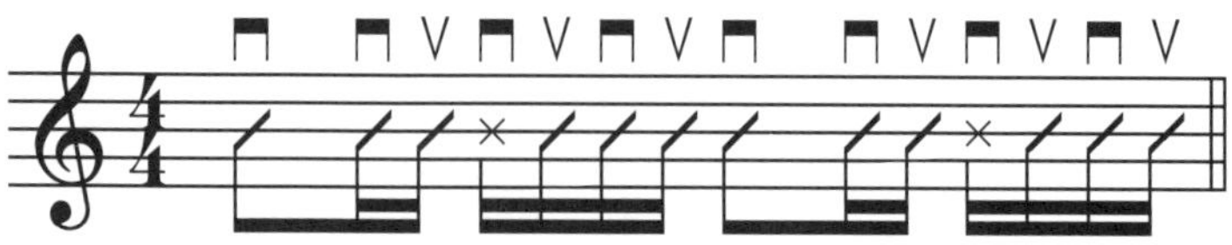

Zähle: 1 e + e 2 e + e 3 e + e 4 e + e

## Tabulatur

### Bridge

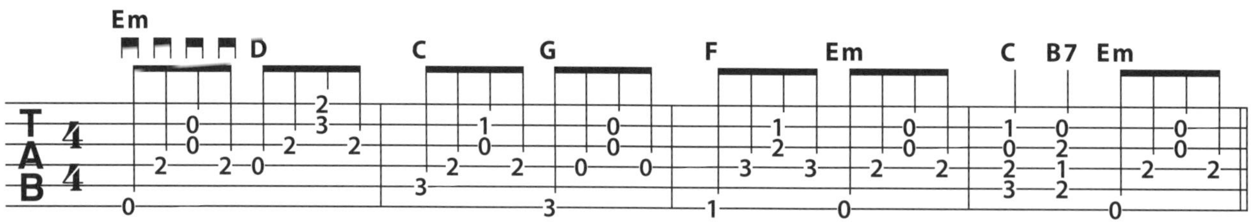


### Interlude

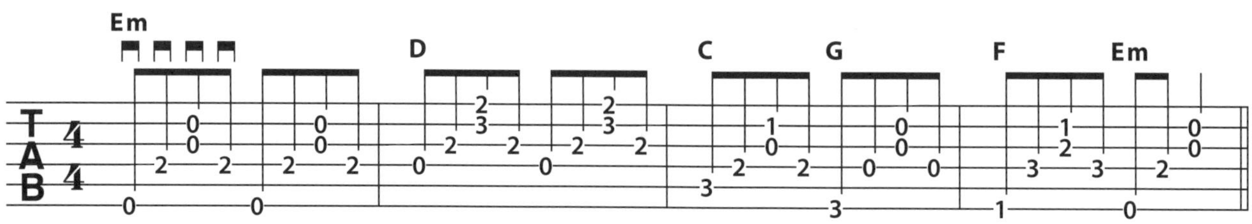

**Intro**

Em | B7
Dada dada dada da da- | da.

Em | 2/4 C | 4/4 B7 | Em
Dada da da da da dadada | dada dada- | da. |

**Strophe 1**

Em | | D | C G
| Ge- | trampt oder mit dem Moped, oder | schwarz mit der Bahn,

F Em | C B7
immer bin ich dir irgendwie | hinterher gefahr'n.

| Em D | C G
Nein, | damals hab ich kein Konzert | von dir versäumt,

| Em D | C B7
und | nachts konnt' ich nicht schlafen, oder | wenn, dann hab ich von dir geträumt.

**Refrain**

| Em | D
Du spieltest | Cello, in jedem | Saal in unsrer Gegend.

| C G | 2/4 F | 4/4 Em
Ich saß | immer in der ersten Reihe, und ich | fand dich so er- | regend.

| D | C G
Cello, du warst eine | Göttin für mich. Und manchmal | sahst du mich an,

| F Em | Am7
und ich | dachte "Mann oh Mann". | Und dann war ich wieder völlig fertig.

Am7 *(Abschlag)* | C *(Abschlag)* D
Dadada dadadada, dadada, dada | da.

**Strophe 2**

G Em | D
Ja ich war ständig da, das | hat dich dann überzeugt.

G | C B7 | G Em
Wir wollten immer zu- | sammenbleiben. Und | überhaupt, das mit dir,

D B7 | C | D | D *(Abschlag)*
das war so groß, | das kann man gar nicht be- | schreiben. |

**Bridge**

| Em D | C G
Und | heute wohnst du in Erfurt, und dein | Cello steht im Keller.

F Em | C B7 Em
Komm pack das Ding doch noch mal aus, und | spiel so schön wie früher.

**Interlude**

Em | D | C G | F Em |

**Refrain**

| Em | D
Du spieltest | Cello, in jedem | Saal in unsrer Gegend. ...

**Ending**

Em | B7 | Em | C B7 | Em
Cello, yeah, oh oh | oh. Du spieltest | Cello. | Egal, auch in Chi- | cago.

| B7 | Em *rubato*
Ich war da- | bei, du warst dabei, wir sind da- | bei. Yeah, |

2/4 C | 4/4 B7 | Em
dudu dudu- | du. Dudu dudu- | du.

# Das Beste Silbermond

CD1 Track 09



**Musik und Text: Stefanie Kloss / Thomas Stolle / Johannes Stolle / Andreas Nowak**

## Akkorde

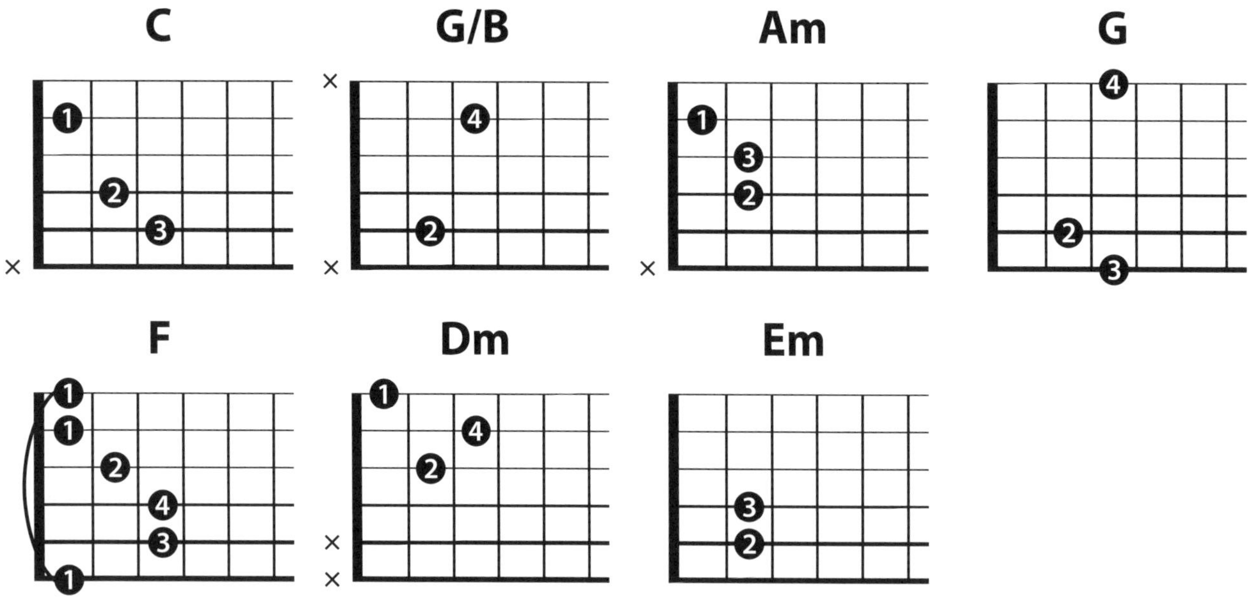


## Picking-Muster

### Strophe

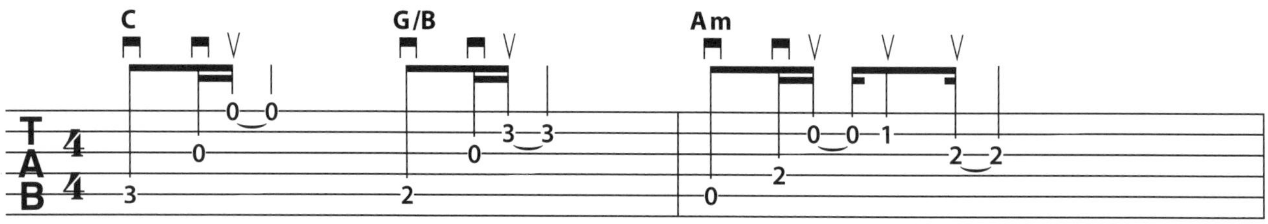


Zähle: 1 e + e 2 e + e 3 e + e 4 e + e 1 e + e 2 e + e 3 e + e 4 e + e

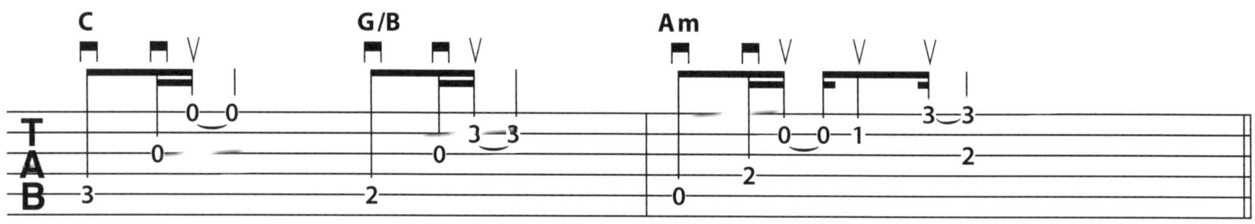


1 e + e 2 e + e 3 e + e 4 e + e 1 e + e 2 e + e 3 e + e 4 e + e

## Begleit-Rhythmus

### Rhythmus ab Bridge, 2. Teil Strophe 3

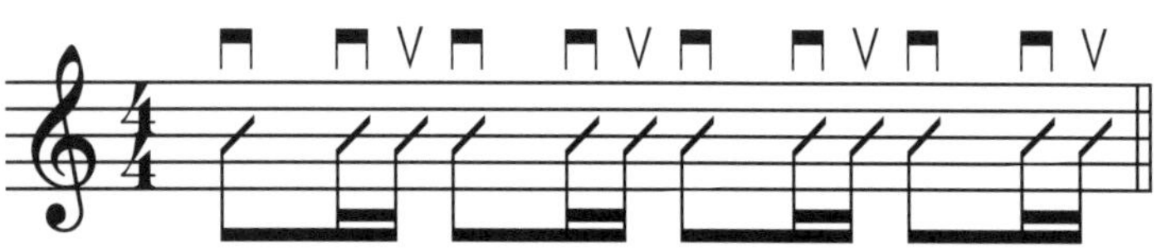

Zähle: 1 e + e 2 e + e 3 e + e 4 e + e

**Strophe 1**

C G/B Am
Ich habe einen Schatz gefunden, und er trägt deinen Namen,

C G/B Am
so wunderschön und wertvoll, von keinem Geld der Welt zu be- zahlen.

C G/B Am
Du schläfst neben mir ein, ich könnt' dich die ganze Nacht be- trachten.

C G/B Am
Seh'n wie du schläfst, hör'n wie du atmest, bis wir am Morgen er- wachen.

**Bridge**

G F G Am G
Hast es wieder mal geschafft, mir den Atem zu rauben. Wenn du neben mir liegst,

F G Dm *(Abschlag)*
dann kann ich es kaum glauben, dass jemand wie ich sowas Schönes wie dich ver- dient hat.

**Refrain**

F G C G/B Am
Du bist das Beste, was mir je passiert ist. Es tut so gut, wie du mich liebst.

G F G Am
Vergess' den Rest der Welt, wenn du bei mir bist.

F G C G/B Am
Du bist das Beste, was mir je passiert ist. Es tut so gut, wie du mich liebst.

G F G Dm *(Abschlag)*
Ich sag's dir viel zu selten, es ist schön, dass es dich gibt.

**Strophe 2**

C G/B Am C G/B Am
Dein Lachen macht süchtig, fast so als wär' es nicht von dieser Erde,

C G/B Am
auch wenn deine Nähe Gift wär', ich würd bei dir sein, solange bis ich sterbe.

C G/B Am
Dein Ver- lassen würde Welten zerstör'n, doch daran will ich nicht denken.

C G/B Am
Viel zu schön ist es mit dir, wenn wir uns gegenseitig Liebe schenken.

**Bridge**

G F G Am Em
Be- tank mich mit Kraft, nimm mir Zweifel von den Augen, er- zähl mir tausend Lügen,

F G Dm
ich würd' sie dir alle glauben. Doch ein Zweifel bleibt, dass ich jemand wie dich ver- dient hab'.

**Refrain**

F G
Du bist das Beste, was mir je passiert ist. ...

**Strophe 3**

C G/B Am
Wenn sich mein Leben überschlägt, bist du die Ruhe und die Zuflucht,

C G/B Am
weil alles, was du mir gibst, einfach so unendlich gut tut.

F C
Wenn ich rastlos bin, bist du die Reise ohne Ende,

G F Am *(Abschlag)*
deshalb leg ich meine kleine, große Welt in deine schützenden Hände.

**Refrain**

F G C G/B Am
Du bist das Beste, was mir je passiert ist. Es tut so gut, wie du mich liebst.

G F G Am
Vergess' den Rest der Welt, wenn du bei mir bist.

F G C G/B Am
Du bist das Beste, was mir je passiert ist. Es tut so gut, wie du mich liebst.

**Ending**

G F G *rit.* C
Ich sag's dir viel zu selten, es ist schön, dass es dich gibt.

# Don't Tell Me That It's Over Amy MacDonald

CD1 Track 10



**Musik und Text: Amy MacDonald**

## Akkorde

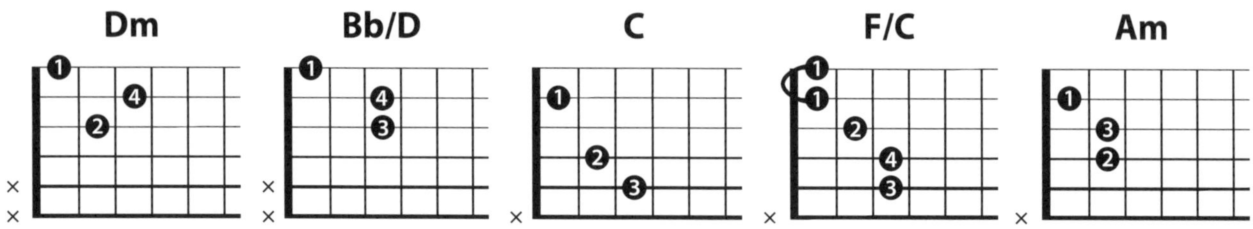


## Begleit-Rhythmus

**Intro**

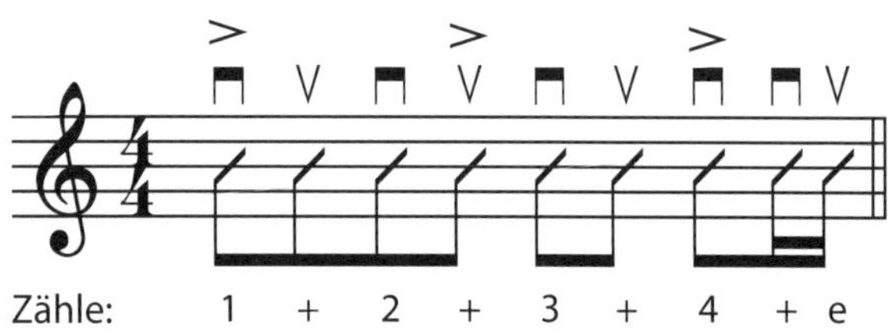


**Strophe, Refrain, Interlude 2**

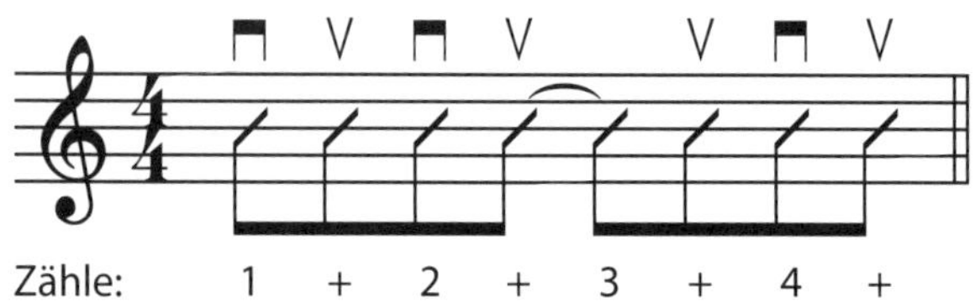


**Interlude 1**

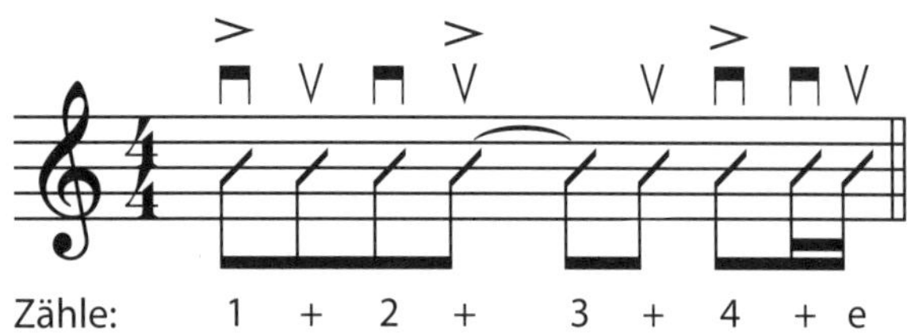


**Intro**

| Dm | Bb/D | C | F/C | Dm | Bb/D | Am | F/C |

**Strophe 1**

Dm | Bb/D C | F/C
Tell me why this world is a | mess. I thought you always tried your | best.

Dm | Bb/D Am | F/C
Tell me what I'm ought to | do. Maybe you should do it, too. |

Dm | Bb/D C | F/C
Tell me why they're sleeping a- | lone. No house, nowhere to call a | home.

Dm | Bb/D Am | F/C
Tell me what I'm meant to | see. Won't you stop preaching at | me.

**Refrain**

| | Dm | Bb/D | F/C | Am |
|---|---|---|---|---|
| And | I wanna | see what it's | all a- | bout. |

| | Dm | Bb/D | F/C | Am |
|---|---|---|---|---|
| And | I wanna | live, wanna | give something | back. |

| | Dm | Bb/D | F/C | Am |
|---|---|---|---|---|
| Don't tell me that | it's over, | it's only | just begun. | |

| | Dm | Bb/D | F/C | Am | Dm |
|---|---|---|---|---|---|
| Don't tell me that | it's over, | or that this | song is sung. | The song is | sung. |

**Interlude 1**

| Bb/D | Am | F/C | Dm | Bb/D | Am | F/C |
|---|---|---|---|---|---|---|

**Strophe 2**

| Dm | Bb/D | C | F/C |
|---|---|---|---|
| All the money in the | world would never | slit all the wrongs to | right. |

| Dm | Bb/D | Am | F/C |
|---|---|---|---|
| All the fire in the | world would never | set my heart a- | live. |

| | Dm | Bb/D | Am | F/C |
|---|---|---|---|---|
| I | dream of a day when it's | all gone away, and the | sun is shining | bright. |

| | Dm | Bb/D | Am | F/C |
|---|---|---|---|---|
| I | dream of a day when it's | all gone away. But | dreams are for | night. |

**Refrain**

| | Dm | Bb/D | F/C | Am |
|---|---|---|---|---|
| And | I wanna | see what it's | all a- | bout. |

| | Dm | Bb/D | F/C | Am |
|---|---|---|---|---|
| And | I wanna | live, wanna | give something | back. |

| | Dm | Bb/D | F/C | Am |
|---|---|---|---|---|
| Don't tell me that | it's over, | it's only | just begun. | |

| | Dm | Bb/D | F/C |
|---|---|---|---|
| Don't tell me that | it's over, | or that this | song is sung. |

| Am | Dm | Bb/D | F/C | Am |
|---|---|---|---|---|
| The song is | sung. | | | |

**Interlude 2**

| | Dm | Bb/D | F/C | Am |
|---|---|---|---|---|
| Don't tell me that it's | over, please, I'm | on my knees, I'm | beggin' you to | stop. |

| | Dm | Bb/D | F/C | Am |
|---|---|---|---|---|
| It's | over, please, I'm | on my knees, I'm | beggin' you to | stop. |

**Refrain**

| | Dm | Bb/D | F/C | Am |
|---|---|---|---|---|
| And | I wanna | see what it's | all a- | bout. |

| | Dm | Bb/D | F/C | Am |
|---|---|---|---|---|
| And | I wanna | live, wanna | give something | back. |

| | Dm | Bb/D | F/C | Am |
|---|---|---|---|---|
| Don't tell me that | it's over, | it's only | just begun. | |

| | Dm | Bb/D | F/C |
|---|---|---|---|
| Don't tell me that | it's over, | or that this | song is sung. |

**Ending**

| Am | Dm |
|---|---|
| The song is | sung. |

# Let's Play Ukulele Pop Rock Hits

**Songbook für Sopran-Ukulele**
**Mit 2 CDs**

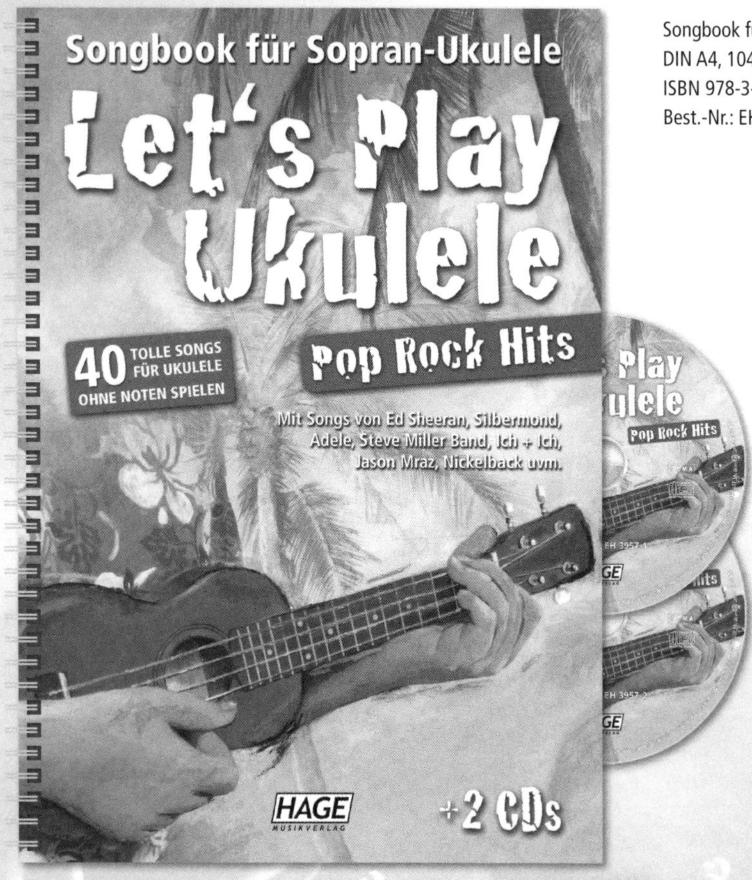


Songbook für Sopran-Ukulele mit 2 CDs
DIN A4, 104 Seiten, Spiralbindung
ISBN 978-3-86626-364-2
Best.-Nr.: EH 3957

**Inhalt:**



## 40 TOLLE SONGS FÜR UKULELE OHNE NOTEN SPIELEN

Let's Play Ukulele Pop Rock Hits ist eine einzigartige Sammlung von 40 bekannten und beliebten Hits für Ukulele. Das Songbook enthält aktuelle Lieder und die großen zeitlosen Hits, die in das Repertoire jedes Ukulele-Spielers gehören.

Neben „Over The Rainbow" von Israel Kamakawiwo'ole, dem Ukulelenklassiker schlechthin, und aktuellen Popsongs von Ed Sheeran, Adele, Jason Mraz uvm., findest du tolle Rockklassiker von den Rolling Stones, Cat Stevens, Bryan Adams, Metallica u.a. Zusammen mit den Hits deutscher Superstars wie Silbermond, Udo Lindenberg oder Tim Bendzko machen sie das Buch abwechslungsreich und garantiert lagerfeuertauglich!

Mit der bewährten „Let's Play Ukulele"- Methode können alle Stücke auch ohne Notenkenntnisse schnell erlernt werden. Anschaulich und leicht nachvollziehbar werden alle Songs mit Akkorddiagrammen, Begleitrhythmen bzw. Pickingmustern und Liedtexten dargestellt. Das Songbook ist für Anfänger und Fortgeschrittene gleichermaßen geeignet und ist die ideale Ergänzung der Ukulelenschule „Let's Play Ukulele". Einfach aufschlagen und losspielen!

Auf den zwei beiliegenden CDs kannst du dir die Stücke anhören und dazu spielen. Sie wurden aufwendig mit Gesang und Ukulele produziert und garantieren Spaß und Erfolg. Das Tolle ist: Du lernst alle Songs in der Originaltonart, so kannst du auch zum Original mitspielen.

HAGE
MUSIKVERLAG

# Hey There Delilah Plain White T's

CD1 Track 11



**Musik und Text: Tom Higgenson**

## Akkorde

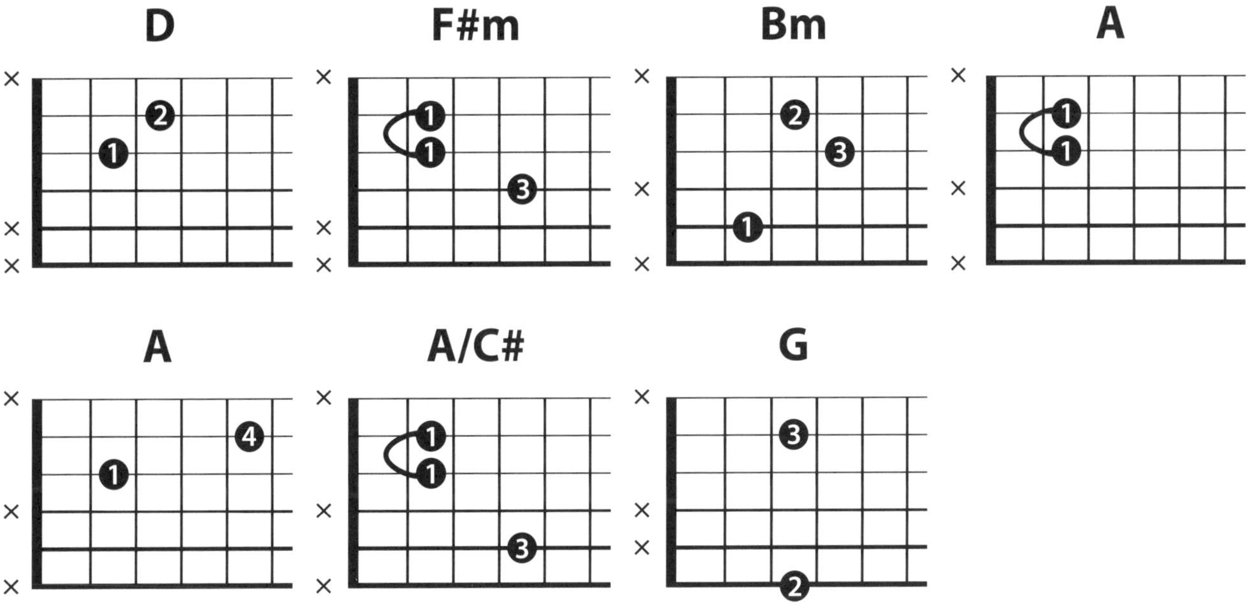


## Picking-Muster

### Intro

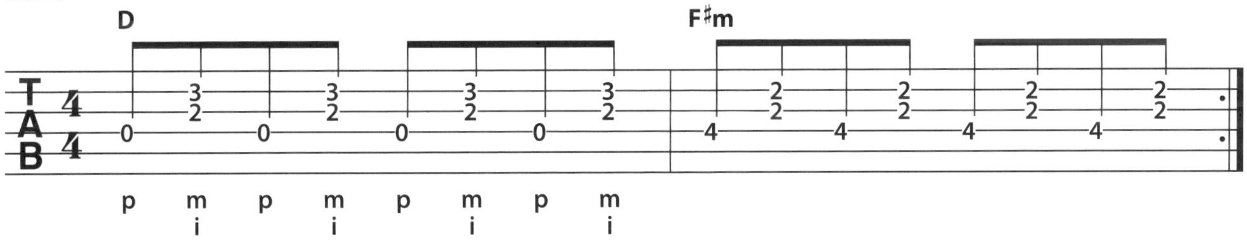


### Strophe 1, Strophe 2

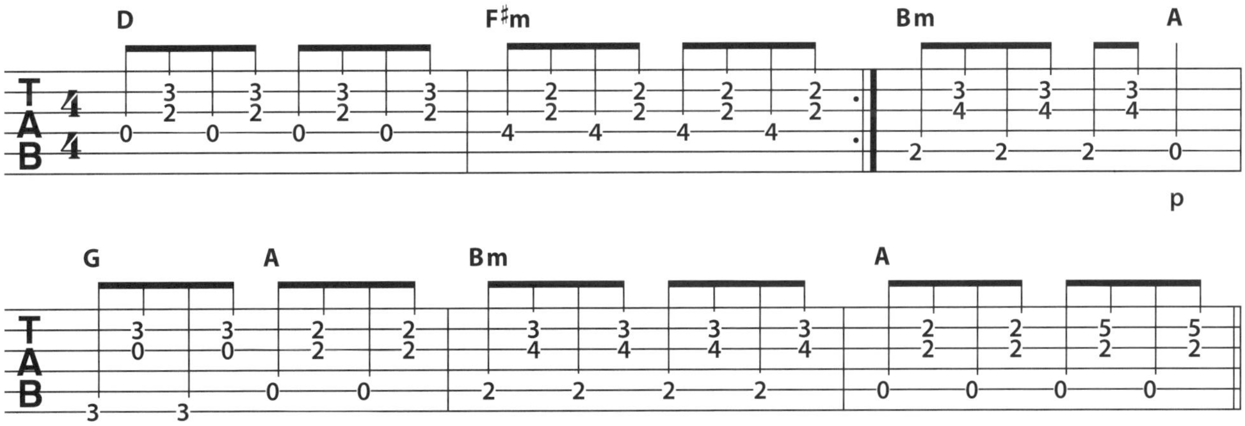

**Refrain**

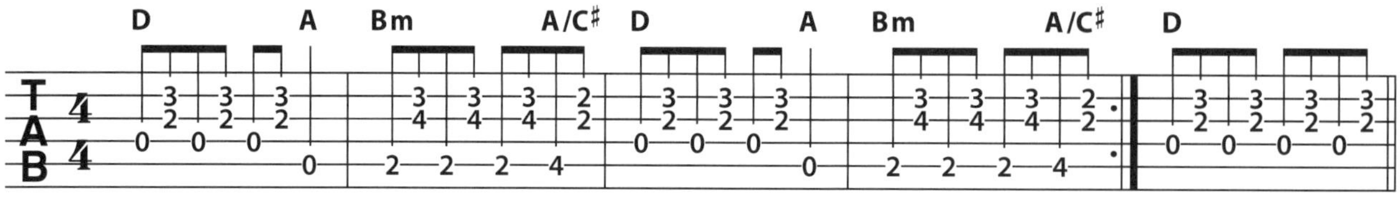


**Bridge**

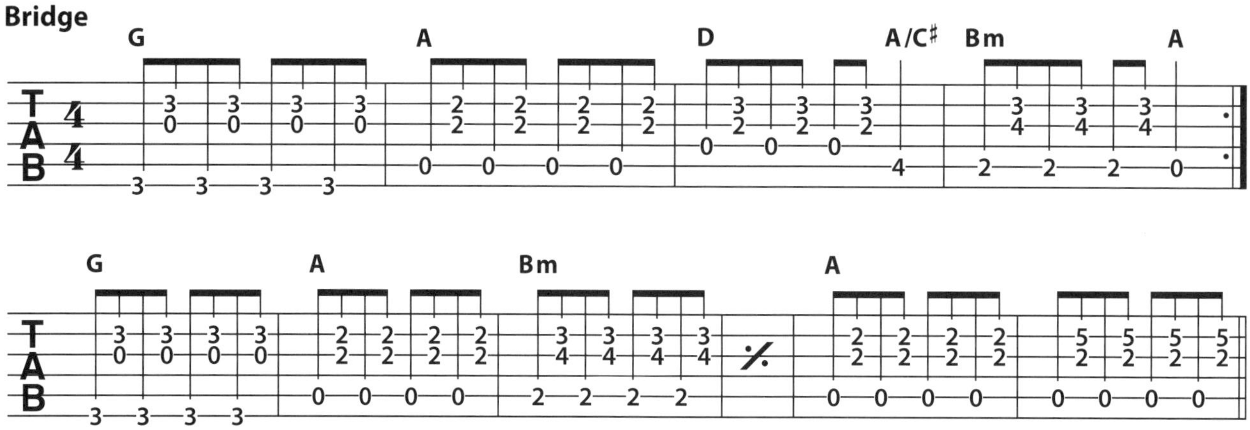


**Strophe 3**

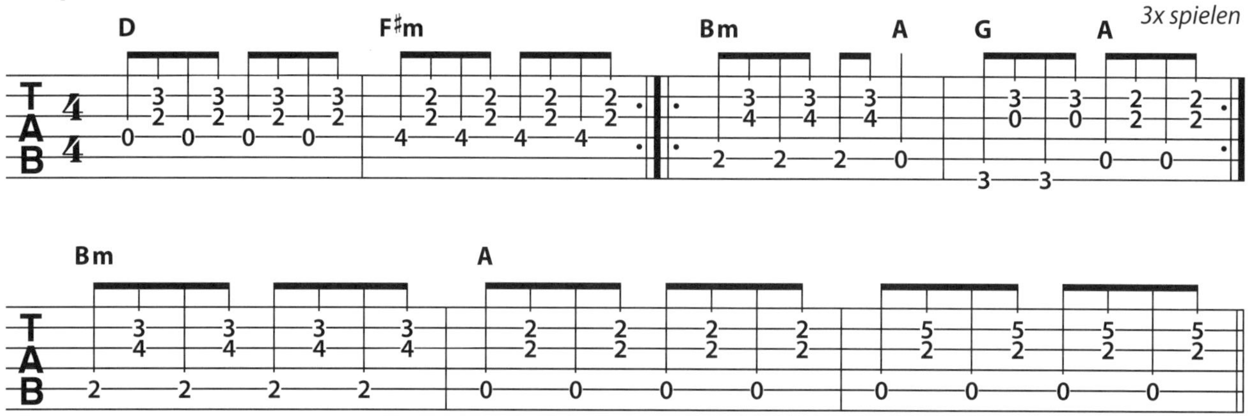


**Intro** | D | F#m | D | F#m |

**Strophe 1**

D — Hey there Delilah, what's it | F#m — like in New York City. I'm a | D — thousand miles away

but girl to- | F#m — night you look so pretty, yes you | Bm A — do.

G — Times Square can't shine A — as bright as | Bm — you. I swear it's | A — true.

D — Hey there Delilah don't you | F#m — worry about the distance, I'm right

D — there if you get lonely. Give this | F#m — song another listen, close your | Bm A — eyes.

G — Listen to my A — voice it's my dis- | Bm — guise. I'm by your | A — side.

**Refrain**

D A Bm A/C# D A Bm A/C#
Oh it's what you do to | me. | Oh it's what you do to | me. |

D A Bm A/C# D A Bm A/C# D
Oh it's what you do to | me. | Oh it's what you do to | me. What you do to | me. |

**Strophe 2**

F#m D
Hey there Delilah I know | times are getting hard. But just be- | lieve me girl someday

F#m Bm A
I'll pay the | bills with this guitar. We'll have it | good. |

G A Bm A
We'll have the life we knew we | would. My word is | good. |

D F#m D
Hey there Delilah I've got | so much left to say. If every | simple song I wrote to you.

F#m Bm A
Would | take your breath away I'd write it | all. - |

G A Bm A
Even more in love with me you'd | fall. We'd have it | all. |

**Refrain**

D A Bm A/C# D A Bm A/C#
Oh it's what you do to | me. | Oh it's what you do to | me. |

D A Bm A/C# D A Bm A/C# D
Oh it's what you do to | me. | Oh it's what you do to | me. What you do to | me.

**Bridge**

G A
A | thousand miles seems pretty far. But | they've got planes and trains and cars.

D A/C# Bm A G
I'd | walk to you if I had no other | way. Our | friends would all make fun of us

A D A/C# Bm A
and | we'll just laugh along because we | know, that none of them have felt this | way.

G A
De- | lilah I can promise you, that | by the time we get through.

Bm A
The | world will never ever be the | same. And you're to | blame. | |

**Strophe 3**

D F#m D
Hey there Delilah you be | good and don't you miss me. Two more | years

F#m Bm A
and you'll be done with school. And | I'll be making history like I | do. |

G A Bm A G A Bm A
You'll know it's all because of | you. | We can do whatever we want | to. |

G A Bm A
Hey there Delilah here's to | you. This ones for | you. | |

**Refrain (2x)**

D A Bm A/C# D A Bm A/C#
Oh it's what you do to | me. | Oh it's what you do to | me. |

D A Bm A/C# D A Bm A/C#
Oh it's what you do to | me. | Oh it's what you do to | me. |

**Ending**

D A D
Oh. |

# **Ho Hey** The Lumineers

CD1 Track 12



**Musik und Text: Wesley Schultz / Jeremy Fraites**

## Akkorde

**F/C**

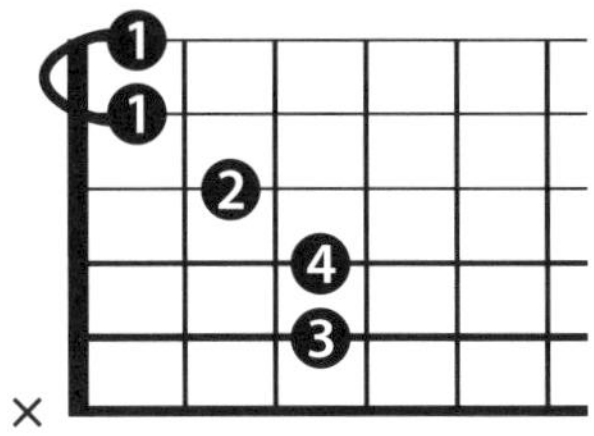

**C**

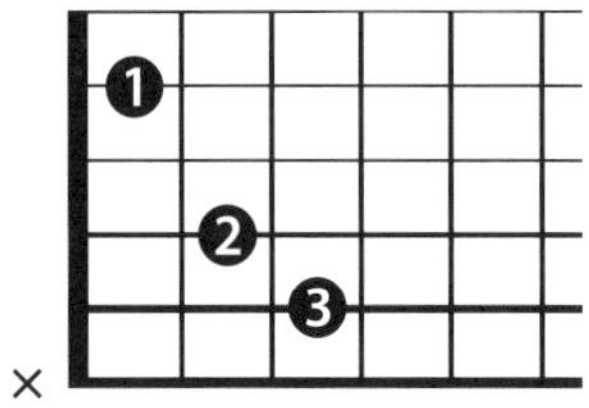

**Am**

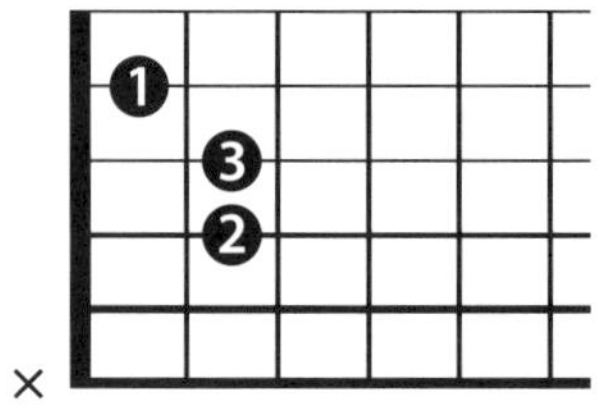

**G**

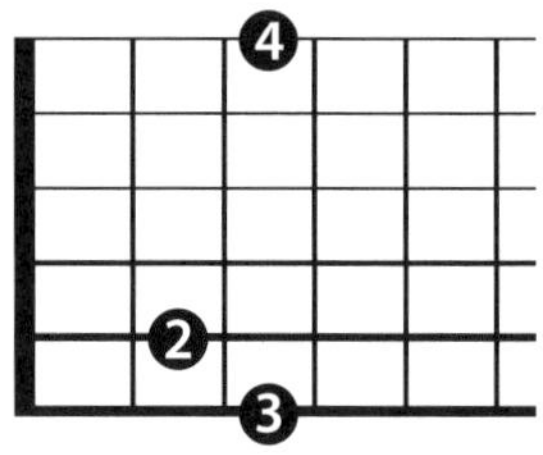

**F9**

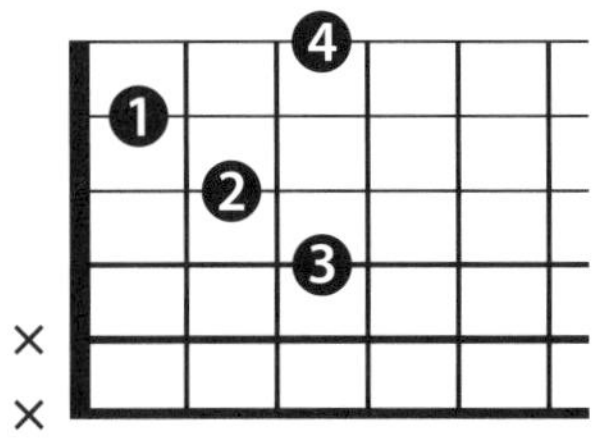

**C** (Bridge)

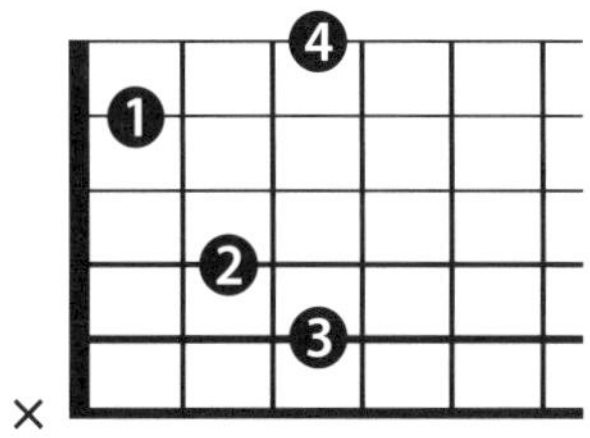

**Gsus4**

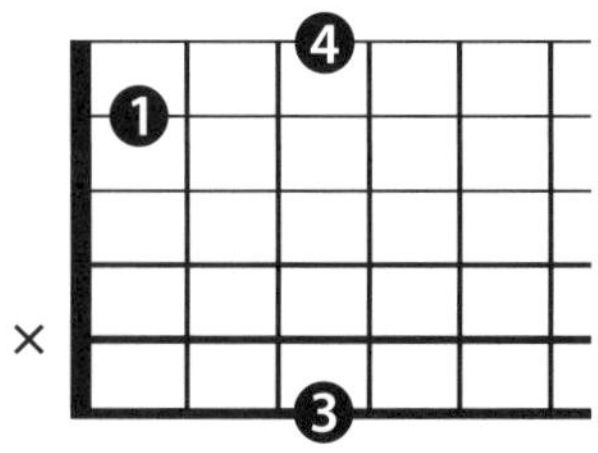

## Begleit-Rhythmus

### Intro, Strophe, Ending

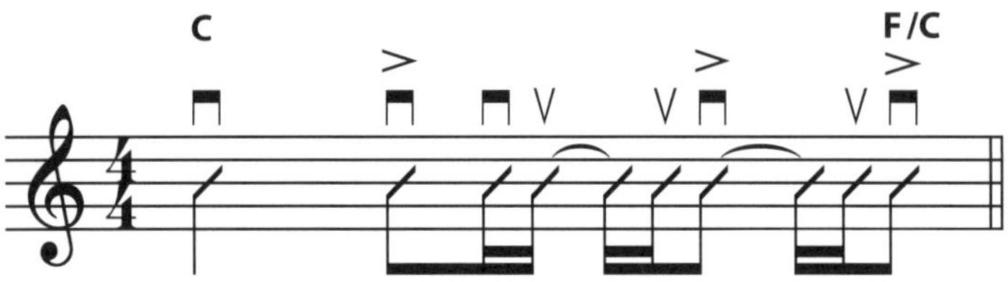


Zähle: 1 e + e 2 e + e 3 e + e 4 e + e

### Refrain, Bridge

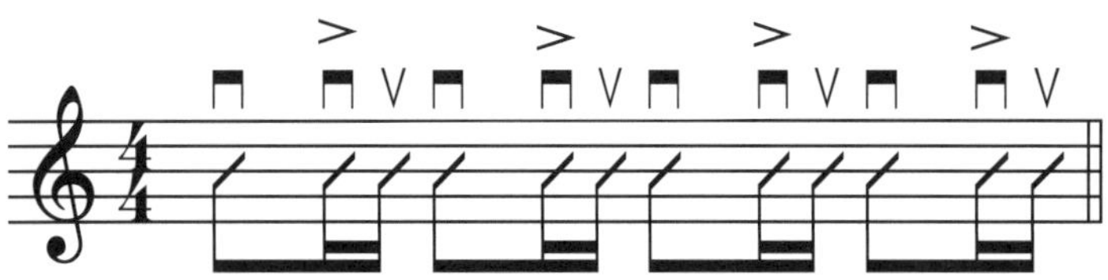

Zähle: 1 e + e 2 e + e 3 e + e 4 e + e

**Intro**

```
F/C | C      F/C | C      F/C | C     F/C | C      F/C |
    | Ho!        | Hey!       | Ho!       | Hey!       |
```

**Strophe 1**

```
C                                  F/C | C                                F/C |
  I've been trying to do it right.     |  I've been living a lonely life.     |
C                                     F/C | C                                 |
  I've been sleeping here instead.        |  I've been sleeping in my bed,     |
Am                          G      F/C | C     F/C | C   F/C |
  I've been sleeping in my bed.        | Hey!      | Ho!     |
```

**Strophe 2**

```
C                         F/C | C                                 F/C |
  So show me family.          |  All the blood that I will bleed.    |
C                                  F/C | C                                  |
  I don't know where I belong.         |  I don't know where I went wrong.  |
Am                    G      F/C | C
  But I can write a song.        | One, two, three.
```

**Refrain**

```
               | Am                              G           | C
I belong with  | you, you belong with me, you're my          | sweetheart.
               | Am                              G      F/C  | C
I belong with  | you, you belong with me, you're my sweet.   | Ho!
F/C | C      F/C | C     F/C | C      F/C |
    | Hey!       | Ho!       | Hey!       |
```

**Strophe 3**

```
C                                     F/C | C
  I don't think you're right for him.     |  Think of what it might have been,
F/C    | C                                F/C | C                          |
if you |  took a bus to China Town,           |  I'd be standing on Canal  |
Am   G       F/C | C |
  and Bowery.    |   |
Am                                  G      F/C | C
  And she'd be standing next to me.            | One, two, three.
```

**Refrain**

```
               | Am                              G           | C
I belong with  | you, you belong with me, you're my          | sweetheart.
               | Am                              G           | C            |
I belong with  | you, you belong with me, you're my          | sweetheart.  |
```

**Bridge**

```
F9      C | G            C | F9       C | Gsus4       | F9  C     | G              C
Love we   | need it now. Let's | hope for | some. Cause | oh, we're | bleeding out.
```

**Refrain**

```
               | Am                              G           | C
I belong with  | you, you belong with me, you're my          | sweetheart.
               | Am                              G      F/C  |
I belong with  | you, you belong with me, you're my sweet.   |
```

**Ending**

```
C    F/C | C     F/C | C                F/C | C
Ho!      | Hey!      | Ho! Last one!        | Hey!
```

# **Hollywood Hills** Sunrise Avenue

CD1 Track 13



**Musik und Text: Samu Haber**

## Akkorde

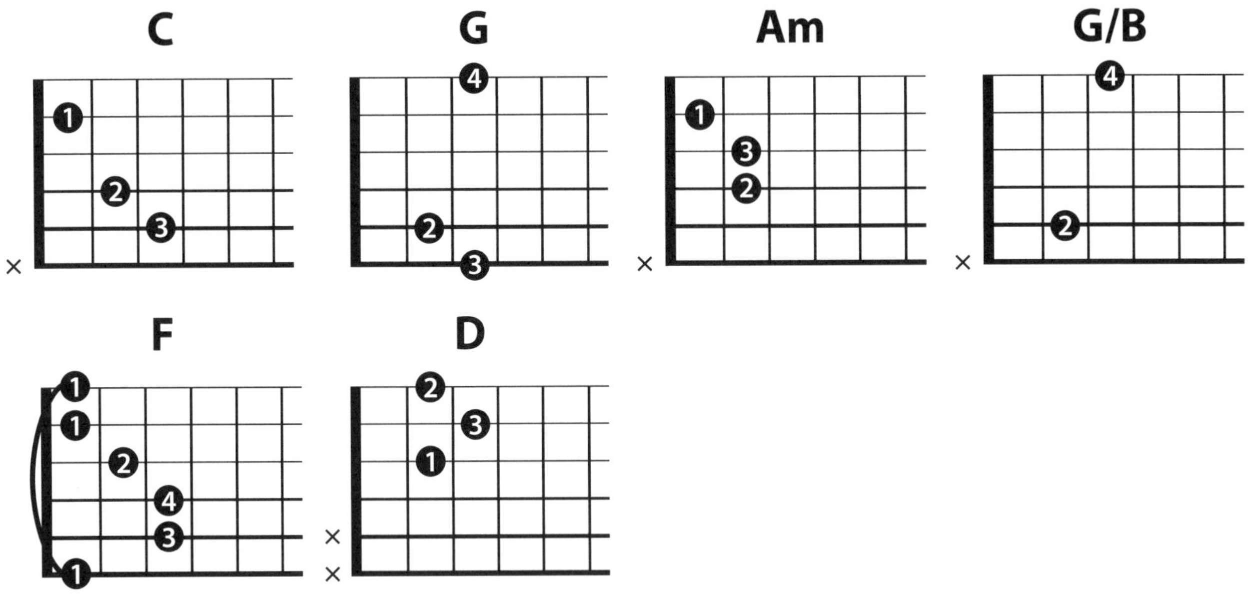


## Begleit-Rhythmus

### Intro

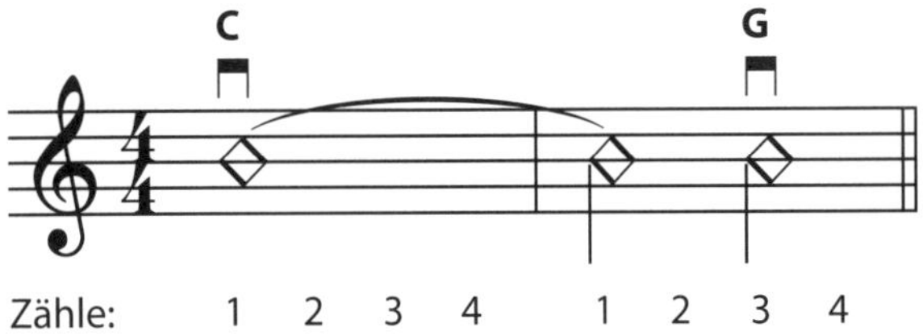


### Strophe 1 und Anfang Refrain 3

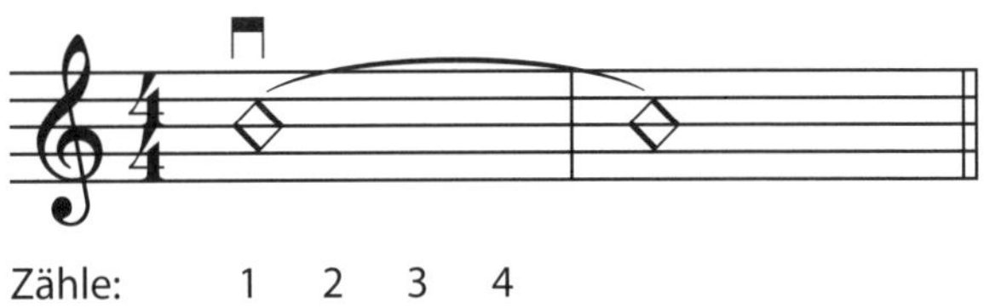


### Rhythmus ab Refrain

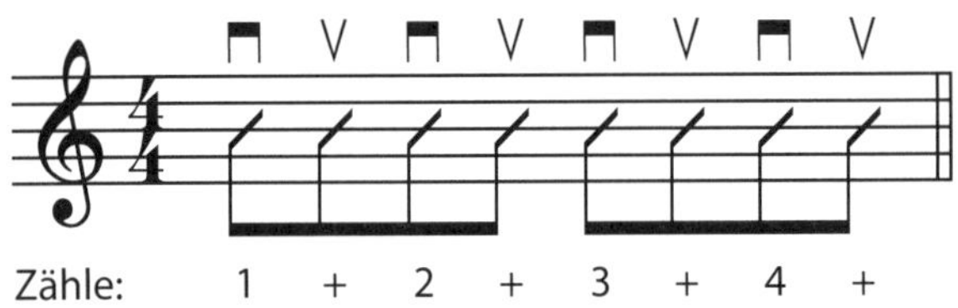


### Ende Strophe 2

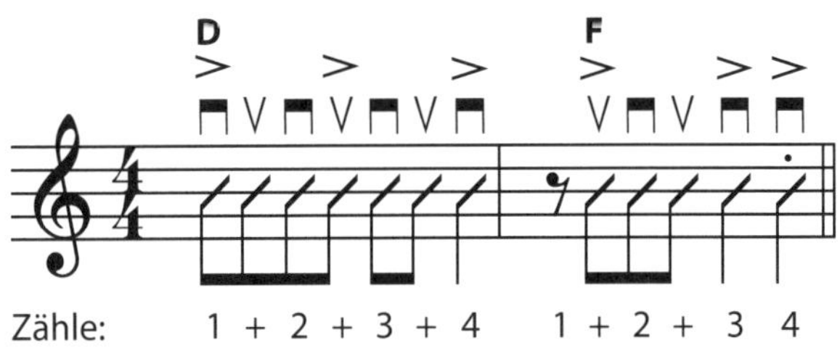

**Intro** | C | G Am | G C | G Am | G

**Strophe 1**

C G/B
Now this | is not the time or the | place for a broken-hear- | ted,

Am
'cause | this is the end of the | rainbow, where | no one can be too | sad. |

C G/B
No I | don't wanna leave, but I | must keep moving a- | head.

Am
'cause my | life belongs to the | other side, be- | hind the great ocean's | waves. | |

**Refrain 1**

C G
Bye bye, | Hollywood Hills, I'm gonna | miss you, wher- | ever I go. I'm gonna |

Am F
come back to | walk these streets again. | Bye bye, | Hollywood Hills forever. |

**Interlude** | C | G Am | G

**Strophe 2**

C G/B
Thank | you for the morning | walks on the sweet | sunset.

Am
And | for the hot night | moments, for the | fantasy in my | bed. |

C G/B
I take a | part of you with me | now, and you won't get it | back.

Am D F
And a | part of me will | stay here, you can | keep it forever, dear. | | Ohuh- | oh-oh. | |

**Refrain 2**

C G
Bye bye, | Hollywood Hills, I'm gonna | miss you, wher- | ever I go. I'm gonna |

Am F
come back to | walk these streets again. | Remember that | we had fun together. |

C G
Bye bye, | Rodeo Girls, I'm gonna | love you, wher- | ever I go. I'm gonna |

Am F
come back so | we can play together. | Bye bye, | Hollywood Hills forever. |

**Bridge**

C G/B Am
Long | distance love doesn't | work. All the | miles in between getting | naughty. |

No I | don't wanna go. I | don't wanna go. |

**Refrain 3**

C G
Bye bye, | Hollywood Hills, I'm gonna | miss you, wher- | ever I go. I'm gonna |

Am F
come back to | walk these streets again. | Bye bye. | |

C G
Bye bye, | Hollywood Hills, I'm gonna | miss you, wher- | ever I go. I'm gonna |

Am F
come back to | walk these streets again. | Remember that | we had fun together. |

C G
Bye bye, | Rodeo Girls, I'm gonna | love you, wher- | ever I go. I'm gonna |

Am F
come back so | we can play together. | Bye bye, | Hollywood Hills forever. |

**Ending**

C | G Am | G | C | G Am | G | C
Hollywood Hills forever, | yeah. | Hollywood Hills forever. |

# **I Follow Rivers** Triggerfinger

CD1 Track 14



**Musik und Text: Richard Nowels / Lykke Li Zachrisson / Björn Yttling**

## Akkorde (Kapodaster 3. Bund)

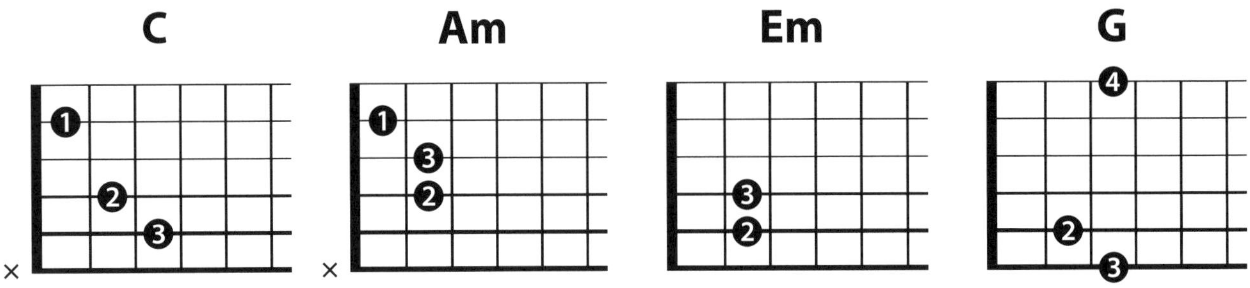


## Begleit-Rhythmus

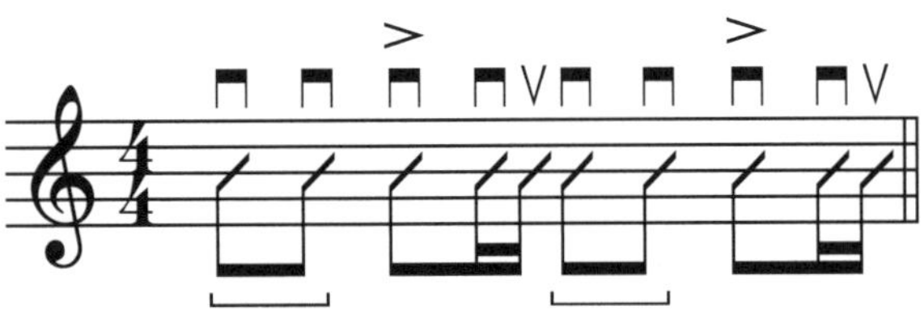

Zähle: 1 e + e 2 e + e 3 e + e 4 e + e

**2. Hälfte Interlude**

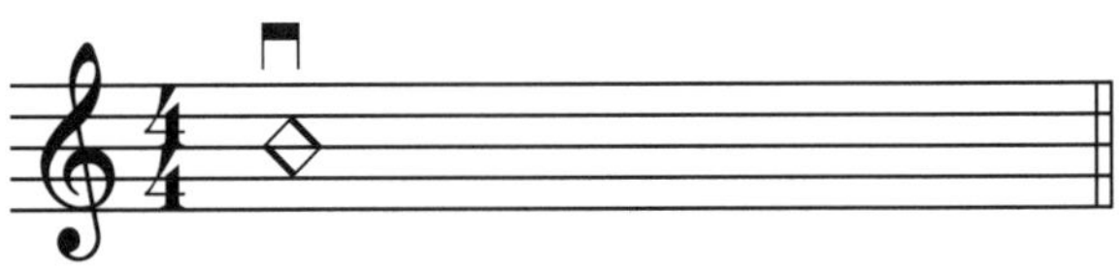

Zähle: 1 2 3 4

***Tipp!*** *Alle Noten, die in eine Klammer gefasst sind, werden mit der Anschlagshand leicht gedämpft.*

**Intro**

C | Am | Em | G | C | Am | Em | G |

**Strophe 1**

Am — Em
Oh I beg you, | can I follow? | |

Am — Em
Oh I ask you, | why not always. | |

Am — Em
Be the ocean, | where I unravel. | |

Am — Em
Be my only, | be the water | where I'm wading. |

Am — G — Em
You're my river | running high, | run deep, run | wild. |

**Refrain**

C — Am — Em — G
I, I follow, | I follow you, | deep sea baby, | I follow you. |

C — Am — Em — G
I, I follow, | I follow you, | dark room honey, | I follow you. |

**Strophe 2**

Am — Em
Heed a message, | I'm the runner. | |

Am — Em
He's the rebel, | I'm the daughter | waiting for you. |

Am — G — Em
You're my river | running high, | run deep, run | wild. |

**Refrain**

C — Am — Em — G
I, I follow, | I follow you, | deep sea baby, | I follow you. | ...

**Interlude**

C | Am | Em | G | C | Am | Em | G |

Am
You're my river | running high, |

G — Em
run deep, run | wild. | |

**Refrain**

C — Am — Em — G
I, I follow, | I follow you, | deep sea baby, | I follow you. |

C — Am — Em — G
I, I follow, | I follow you, | dark room honey, | I follow you. |

C — Am — Em — G
I, I follow, | I follow you, | deep sea baby, | I follow you. |

C — Am — Em — G — C
I, I follow, | I follow you, | dark room honey, | I follow you. |

# I Will Love You Monday (365) Aura Dione

CD1 Track 15



**Musik und Text: Aura Dione / Kenneth Bager / Per Ebdrup / Patrik Berggren / Viktoria Sandström / David Aaström**

## Akkorde (Kapodaster 4. Bund)

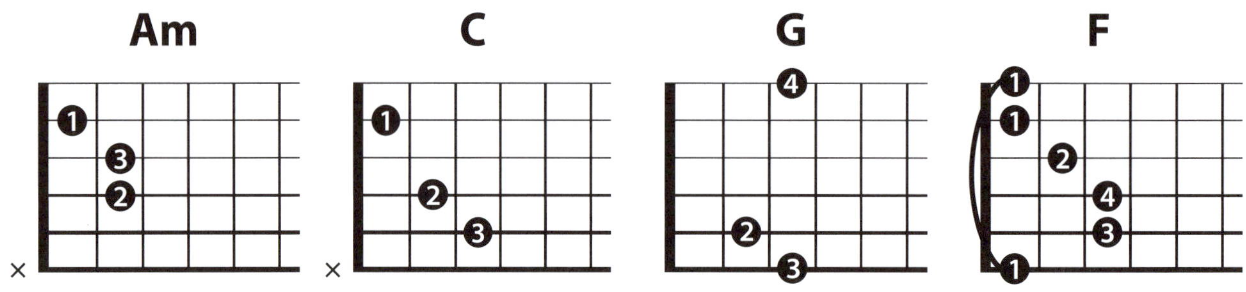


## Tabulatur

### Intro, Strophen, Interlude, Ending

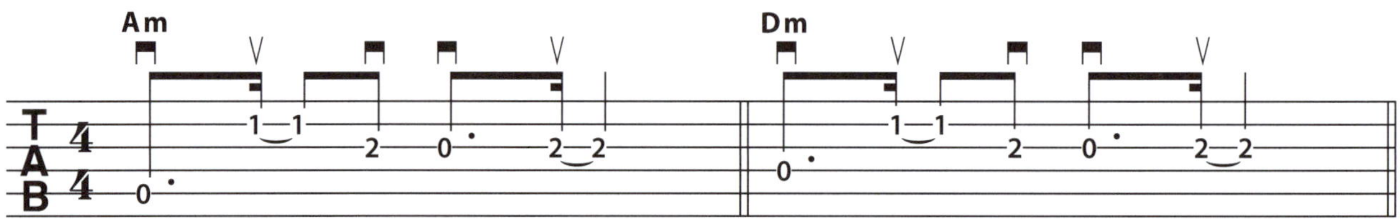


Zähle: 1 e + e 2 e + e 3 e + e 4 e + e 1 e + e 2 e + e 3 e + e 4 e + e

## Begleit-Rhythmus

### Refrain

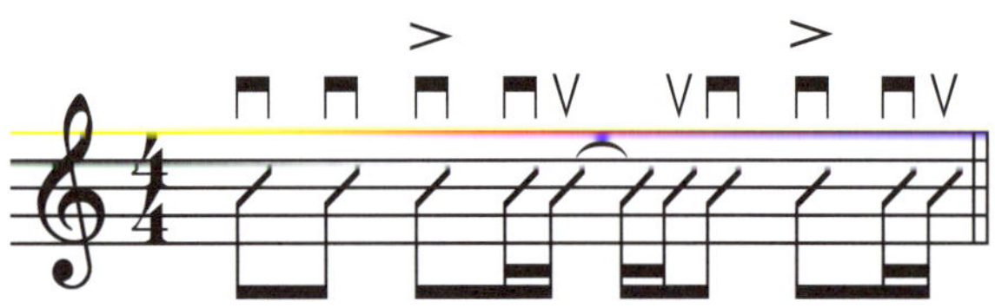

Zähle: 1 e + e 2 e + e 3 e + e 4 e + e

### Refrain (bei 2 Akkorden im Takt)

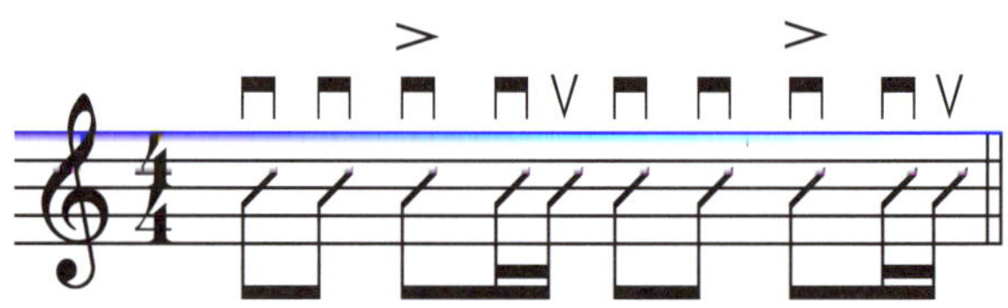

Zähle: 1 e + e 2 e + e 3 e + e 4 e + e

**Intro**

**Am**
| Dum de dudedum da. | Dum Dum De De Dudedum ah. | Dum De dudedum da. |

Dum Dum De De Dudedum ah. | Dum De Dudedum da. | Dum Dum De De Dudedum ah. |

Dum De Dudedum da. | Dum Dum De De Dudedum. |

**Strophe 1**

**Am**
I will love you Monday, and | you will hurt me Tuesday. And | I will kill you Thursday,

if | you don't stop me Wednesday. For- | give you on a Friday, re- | union on a Saturday,

for- | gotten all on Sunday. | |

**Refrain**

**Am** Three-hundred-sixty-five | **C** days of a year, | **G** running round, running round, and | **F** going nowhere. |

Three-hundred-sixty-**C**five | **G** days and **Am** nights, | **F** three-hundred-sixty-**C**five | **G** tries to make it right. |

**Interlude**

**Am**
| Dum De Dudedum da. | Dum Dum De De Dudedum ah. | **Dm** Dum De dudedum da. |

Dum Dum De De Dudedum ah. | **Am** Dum De Dudedum da. | Dum Dum De De Dudedum ah. |

Dum De Dudedum da. | Dum Dum De De Dudedum. | | |

**Strophe 2**

**Am**
I will love you Monday, and | you will hurt me Tuesday. | I will kill you Thursday,

if | you don't stop me Wednesday. For- | **Dm** give you on a Friday, re- | union on a Saturday,

so | **Am** I can love you Monday. | |

**Strophe 1**

**Am**
I will love you Monday, and | you will hurt me Tuesday. And | I will kill you Thursday, ...

**Refrain (2x)**

**Am**
Three-hundred-sixty-five ...

**F** |

**Strophe 3**

**Am**
I will love you Monday and | you will hurt me Tuesday. | I will love you Monday and |

I will kill you Thursday. For- | **Dm** give you on a Friday, | yeah yeah yeah yeah yeah, | **Am** Fri- | day. |

**Refrain (2x)**
*(1. Mal 4 Takte Abschläge)*

**Am**
Three-hundred-sixty-five ...

**F** |

**Ending**

**Am**
Dum De Dudedum da. | Dum Dum De De Dudedum. |

# **I'm Yours** Jason Mraz

CD1 Track 16



**Musik und Text: Jason Mraz**

## Akkorde

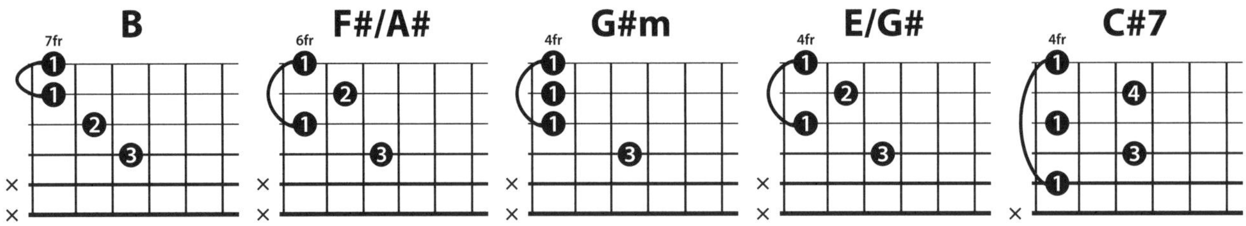


## Begleit-Rhythmus

**Intro, Strophe, Refrain, Ending**

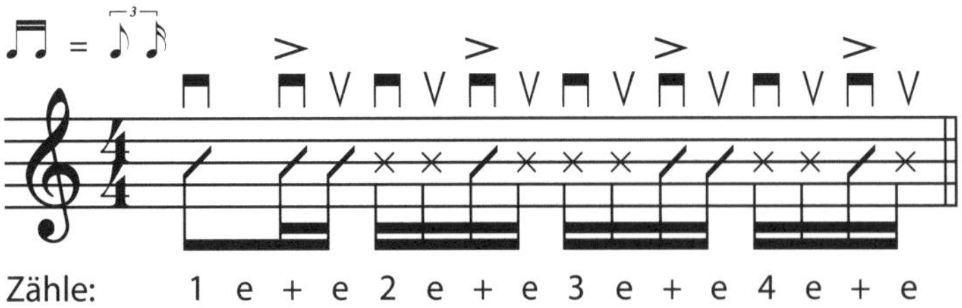


**Refrain 3**

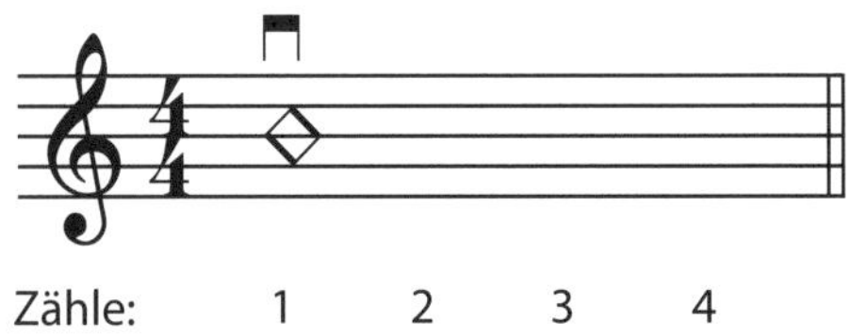


**Bridge**

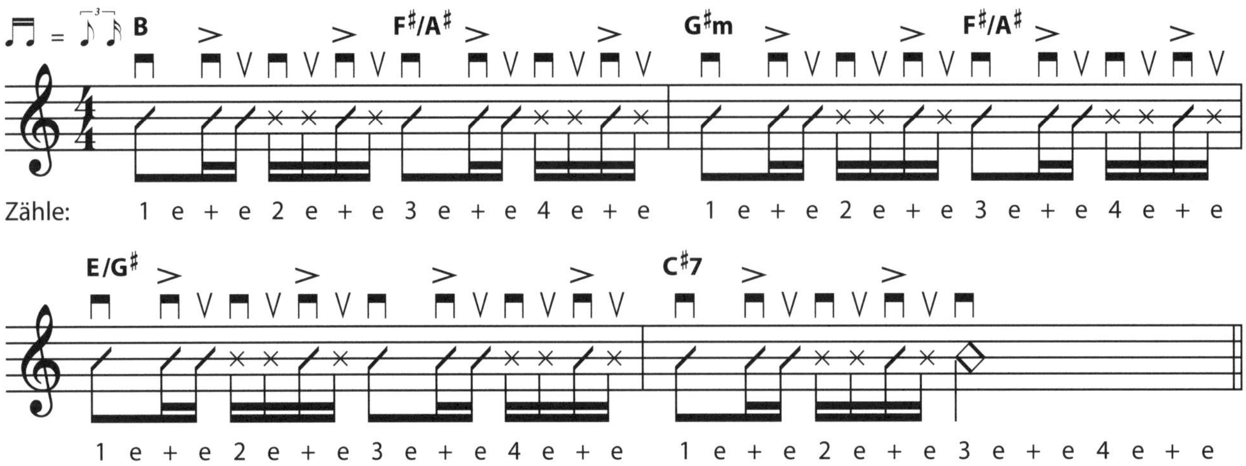


***Tipp!** Bei „x" stoppst du nur durch „Lockern" der Greifhand die Saiten ab.*

**Intro** B | F#/A# | G#m | E/G#

**Strophe 1**

Well [B] you done, done me and you bet I felt it. I [F#/A#] tried to be chill, but you're so hot that I melted.

I [G#m] fell right through the cracks. Now I'm [E/G#] trying to get back.

Before the [B] cool done run out, I'll be giving it my bestest.

[F#/A#] Nothing's goin' to stop me but divine intervention.

I [G#m] reckon it's again my turn to [E/G#] win some or learn some.

**Refrain 1**

B F#/A# G#m E/G#
But I won't hesi- tate no more, no more. It cannot wait, I'm yours.

B F#/A# G#m E/G#
Mmh, mmh. Hey, hey.

**Strophe 2**

B F#/A# G#m
Well open up your mind and see like me, open up your plans and damn you're free.

E/G#
Ah, look into your heart and you'll find love, love, love, love.

B F#/A# G#m
Listen to the music of the moment people dance and sing. We're just one big fami- ly.

E/G# C#7 *(Abschlag)*
And it's our God-forsaken right to be loved, loved, loved, loved, loved.

**Refrain 2**

B F#/A# G#m E/G#
So I won't hesi- tate no more, no more. It cannot wait I'm sure.

B F#/A# G#m E/G#
There's no need to compli- cate, our time is short. This is our fate, I'm yours.

**Bridge**

B F#/A# G#m F#/A# E/G# C#7
Doo-do... a-scooch on over closer dear, and I will nibble your ear.

B F#/A# G#m F#/A# E/G# C#7
Sudo... Boo-oow... oh, mh.

**Strophe 3**

B
I've been spending way too long checking my tongue in the mirror,

F#/A#
and bending over backwards just to try to see it clearer.

G#m E/G#
But my breath fogged up the glass, and so I drew a new face and I laughed.

B
I guess what I'm be saying is there ain't no better reason,

F#/A#
to rid yourself of vanity and just go with the seasons.

G#m E/G#
It's what we aim to do, our name is our virtue.

**Refrain 3**

B F#/A# G#m E/G#
But I won't hesi- tate no more, no more. It cannot wait, I'm yours.

**Strophe 4**

B F#/A# G#m
Open up your mind and see like me. Open up your plans and damn you're free.

E/G#
Look into your heart and you'll find that the sky is yours.

B F#/A#
So please don't, please don't, please don't, there's no need to complicate,

G#m E/G# C#7
'cause our time is short, and this and this and this is our fate, I'm yours!

# If A Song Could Get Me You Marit Larsen

CD1 Track 17



**Musik: Marit Larsen / Kare Vestrheim**
**Text: Marit Larsen**

## Akkorde

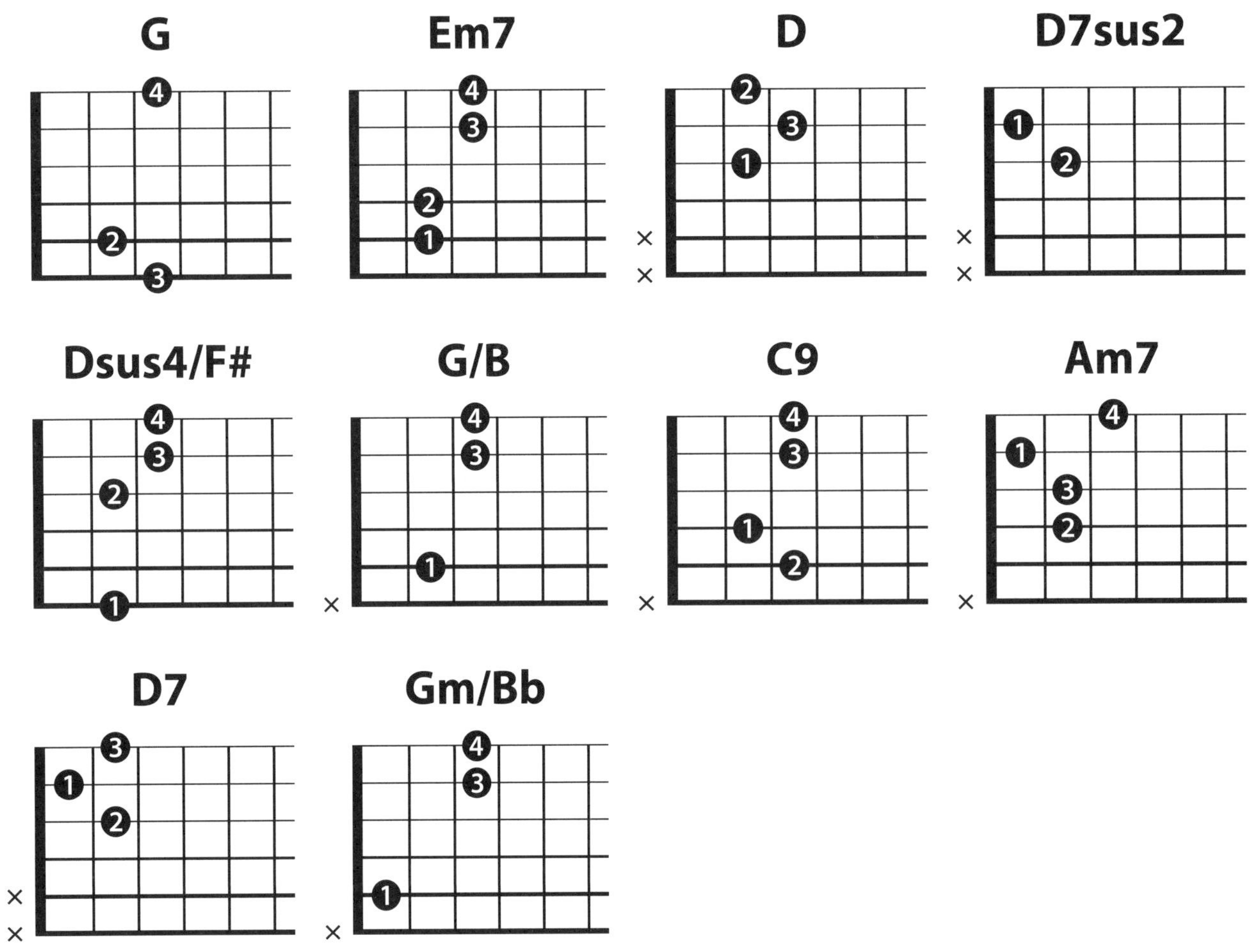


## Begleit-Rhythmus

**Rhythmus ab Refrain**

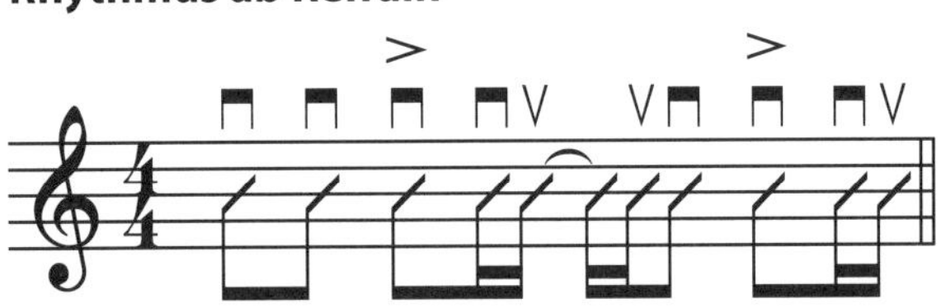

Zähle: 1 e + e 2 e + e 3 e + e 4 e + e

**Rhythmus bei halbtaktigen Wechseln**

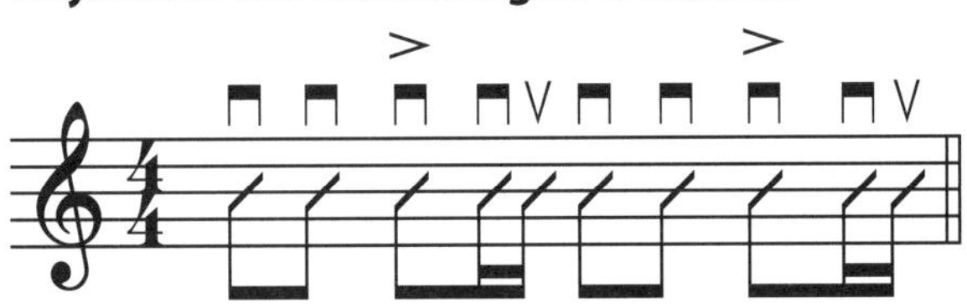

Zähle: 1 e + e 2 e + e 3 e + e 4 e + e

***Tipp!*** *Die halbtaktigen Wechsel sind im Refrain (Am7 D7) und am Ende der Strophe 3 (D D7sus2); Die anderen Wechsel mit zwei Akkorden pro Takt, finden immer auf die Zählzeit „4" statt.*

**Strophe 1** *(nur Abschläge)*

G | Em7 | D |
I could try you with a waltz, | I could try you rock and roll. | I could try you with the blues, |

D7sus2 | G | Em7
if a song would do. | I could sing it high or low, | when I let you go you know.

| D D7sus2 | D D7sus2
I | thought it was for the best, | now it is so obvious.

**Refrain**

| G Dsus4/F# | Em7 G/B | C9 G/B |
So | here it is, here it goes, | I could try rock and roll. Would | change your life forever too, |

Am7 D7 | G Dsus4/F# | Em7 G/B
if a song could get me you. | I could make it high or low, | sing it on the radio.

| C9 G/B | Gm/Bb | D7 |
If | that is what I need to do, | if a song could | get me you. |

**Strophe 2**

G | Em7 | D |
I could run for miles and miles, | I'd take off and I'd start flying. | I could cross land and sea, |

D7sus2 | G | Em7
if you just believe me. | I should not have hurt you so, | this old house is not a home.

| D D7sus2 | D D7sus2
With- | out you here, there's no use, I've | got no time left to lose.

**Refrain**

| G Dsus4/F# | Em7 G/B | C9 G/B |
So | here it is, here it goes, | I could try rock and roll. Would | change your life forever too, | ...

**Bridge**

C9 | G/B | Am7 | G |
If a song could | get me through, I'd | sing my way, right | back to you. |

C9 | G/B | Am7 | G |
Tell me how, to | make it right, | tell me now, I'll | start tonight. |

C9 | G/B | D C9
I know I could | make it last. I | swear to you that if I knew,

| G/B Em7 | Am7
what I | was getting myself into. I | wouldn't answer to my fears,

*(Abschläge ab dem 2. D7)*

| D7 | D7 | G | Em7 | D | D7sus2 |
I'd | never leave you standing | there. Just | look at me. | | | If you'd only see me. |

**Strophe 3**

G | Em7
I would prove my love for you, | I could swallow half the moon.

| D D7sus2 | D D7sus2 D | 2/4 D7sus2 D
Just | tell me where, tell me when, | I will have you back again. |

**Refrain**

| 4/4 G Dsus4/F# | Em7 G/B | C9 G/B
Yeah, | here it is, here it goes, | I could try rock and roll. Would | change your life forever too,

Am7 D7 | G Dsus4/F# | Em7 G/B
if a song could get me you. | I could make it high or low, | sing it on the radio.

| C9 G/B | Am7 D7
If | that is what I need to do, | if a song could get me you.

**Refrain**

| G Dsus4/F# | Em7 G/B | C9 G/B |
Yeah, | here it is, here it goes, | I could try rock and roll. Would | change your life forever too, |

Am7 D7 | G Dsus4/F# | Em7 G/B
if a song could get me you. | I could make it high or low, | sing it on the radio.

| C9 G/B |
If | that is what I need to do, |

**Ending** *(nur Abschläge)*

Gm/Bb | D7
if a song could | get me you.

# Just The Way You Are Bruno Mars

CD1 Track 18



**Musik und Text: Khalil Walton / Peter Hernandez / Philip Lawrence / Khari Cain / Ari Levine**

## Akkorde (Kapodaster 1. Bund)

E

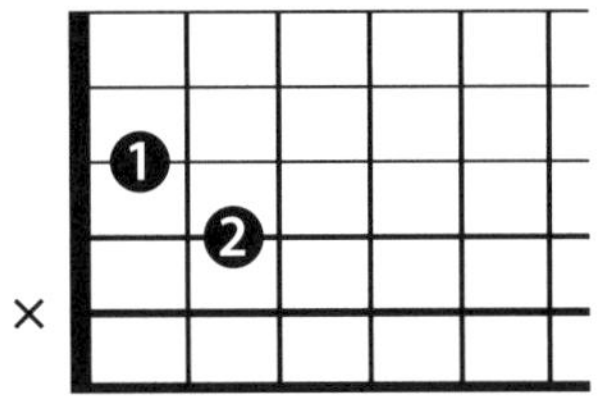

C#m7

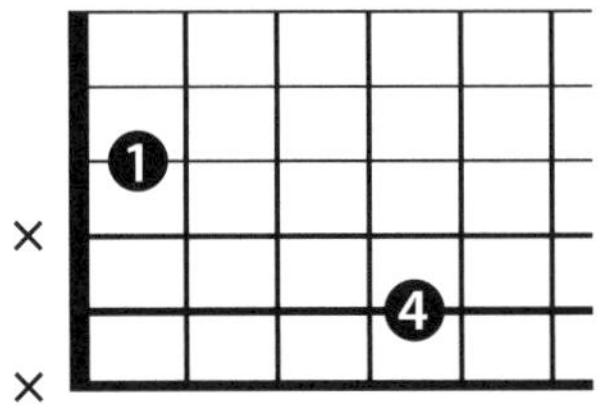

Asus2

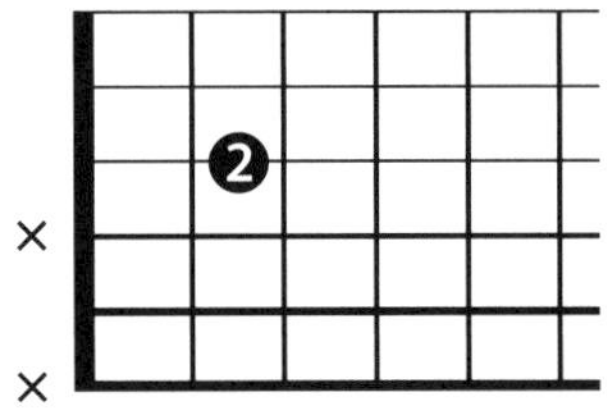

## Picking-Muster

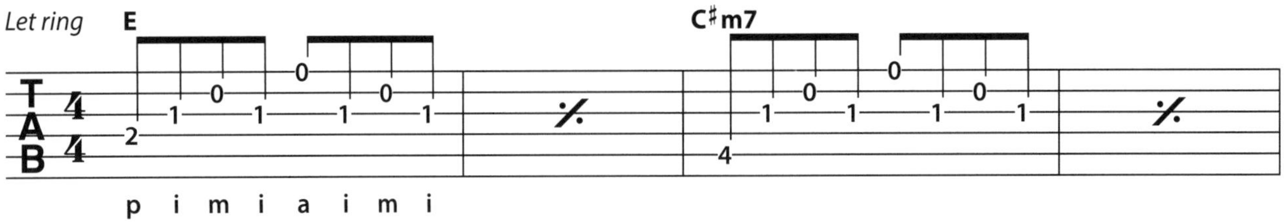


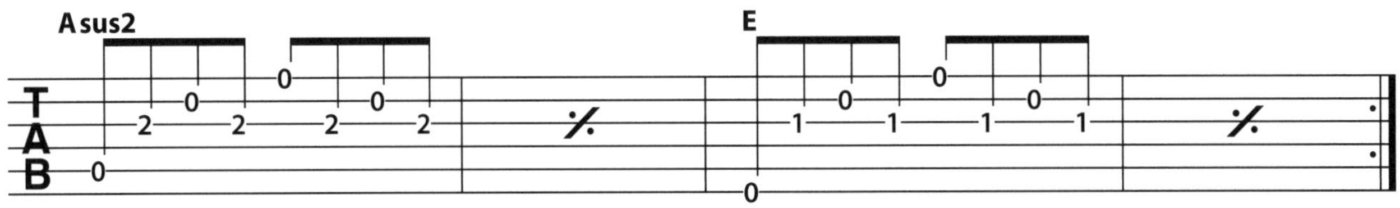

**Intro** | E | | C#m7 | Asus2 | E | | |

**Strophe 1**

E
Oh her eyes, her eyes make the | stars look like they're not shining. |

C#m7
Her hair, her hair falls | perfectly without her trying. |

Asus2 E
She's so beautiful, | and I tell her every | day. |

E
Yeah, | I know, I know when I | compliment her she won't believe me. |

C#m7
And it's so, it's so sad to | think she don't see what I see. |

Asus2 E
But every time she asks me | do I look okay I | say. |

**Refrain**

E C#m7
When I see your | face, | there's not a | thing that I would | change.

Asus2 E
'Cause you're a- | mazing, | just the way you | are. |

E C#m7
And when you | smile, | the whole world | stops and stares for a | while.

Asus2 E
'Cause girl you're a- | mazing, | just the way you | are. | Yeah! |

**Strophe 2**

E
Her lips, her lips I could | kiss them all day if she'd let me. |

C#m7
Her laugh, her laugh she | hates but I think it's so sexy. |

Asus2 E
She's so beautiful, | and I tell her every | day. |

E
Oh you | know, you know, you know I'd never | ask you to change.

C#m7
If | perfect is what you're searching for, then | just stay the same.

Asus2 E
So, | don't even bother asking | if you look okay, you know I | say. |

**Refrain**

E C#m7
When I see your | face, | there's not a | thing that I would | change. ...

**Bridge**

E C#m7 Asus2 E
The way you | are, | the way you | are. | Girl you're a- | mazing, | just the way you | are. |

**Refrain**

E C#m7
When I see your | face, | there's not a | thing that I would | change. ...

**Ending** E

# Nothing Else Matters Metallica

CD1 Track 19



**Musik und Text: James Hetfield / Lars Ulrich**

## Akkorde

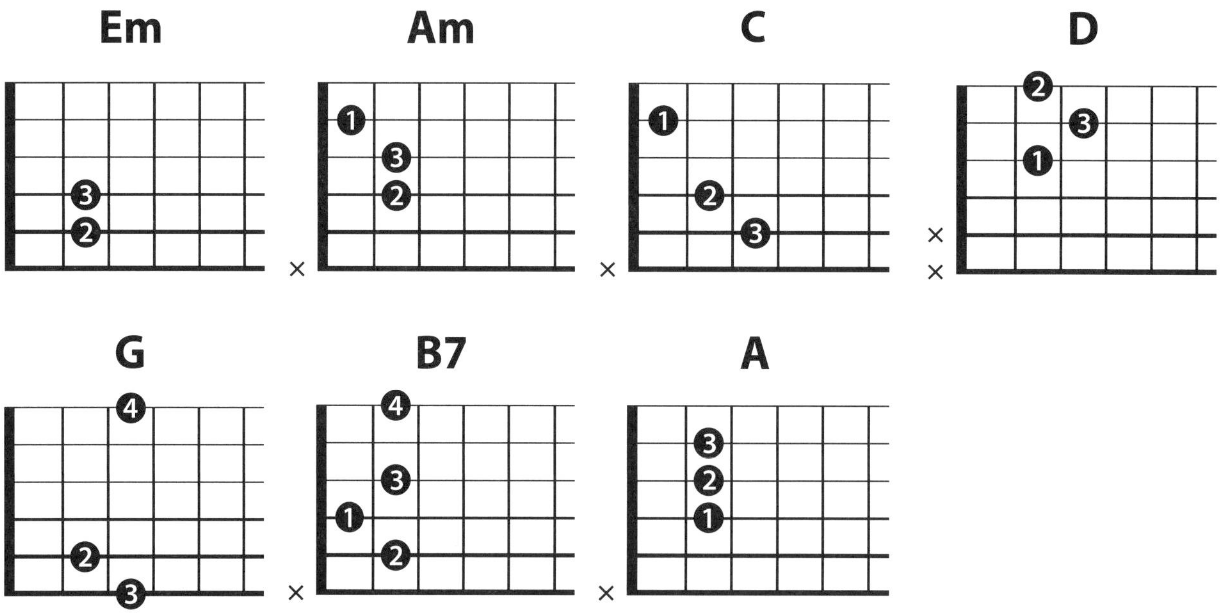


***Tipp!*** *Aus Gründen der Übersichtlichkeit werden hier nur die Grundakkorde dargestellt. Vorhalte und erweiterte Akkorde kannst du der Tabulatur entnehmen.*

## Picking-Muster

### Intro

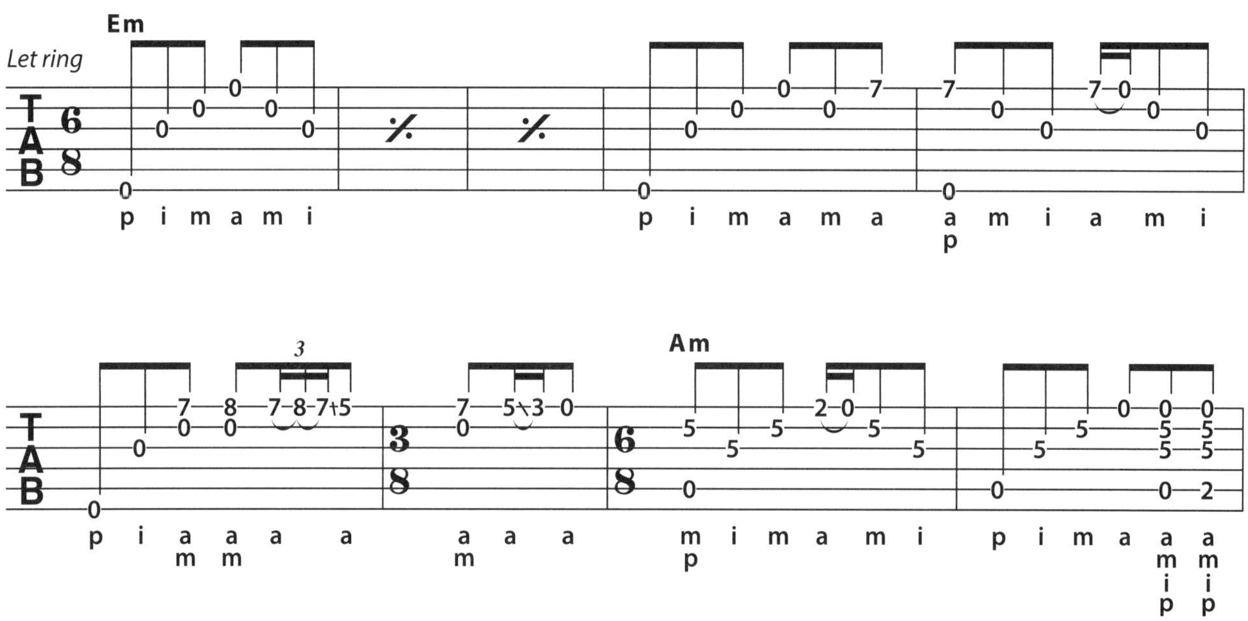

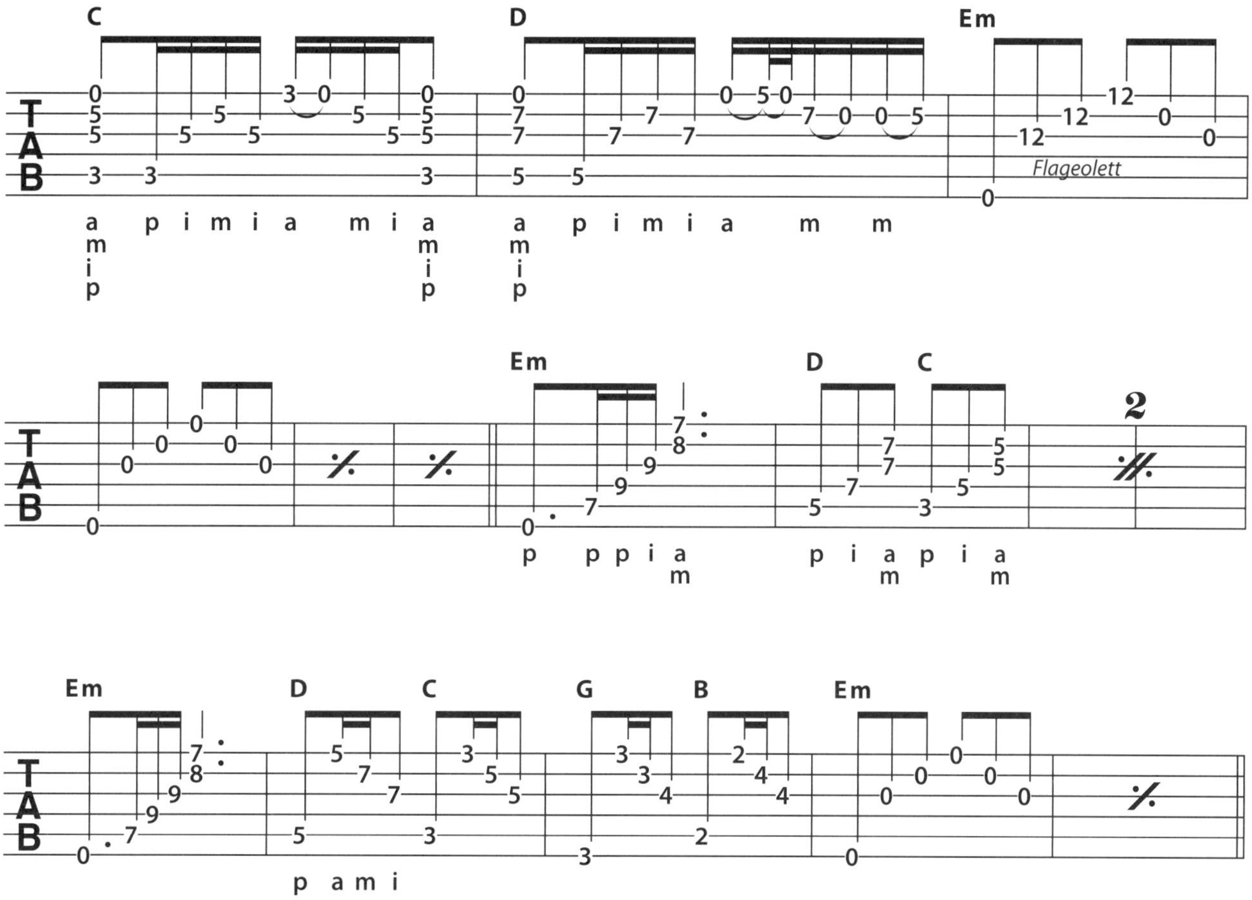
C D Em
Flageolett
Em D C
2
Em D C G B Em

**Strophe**

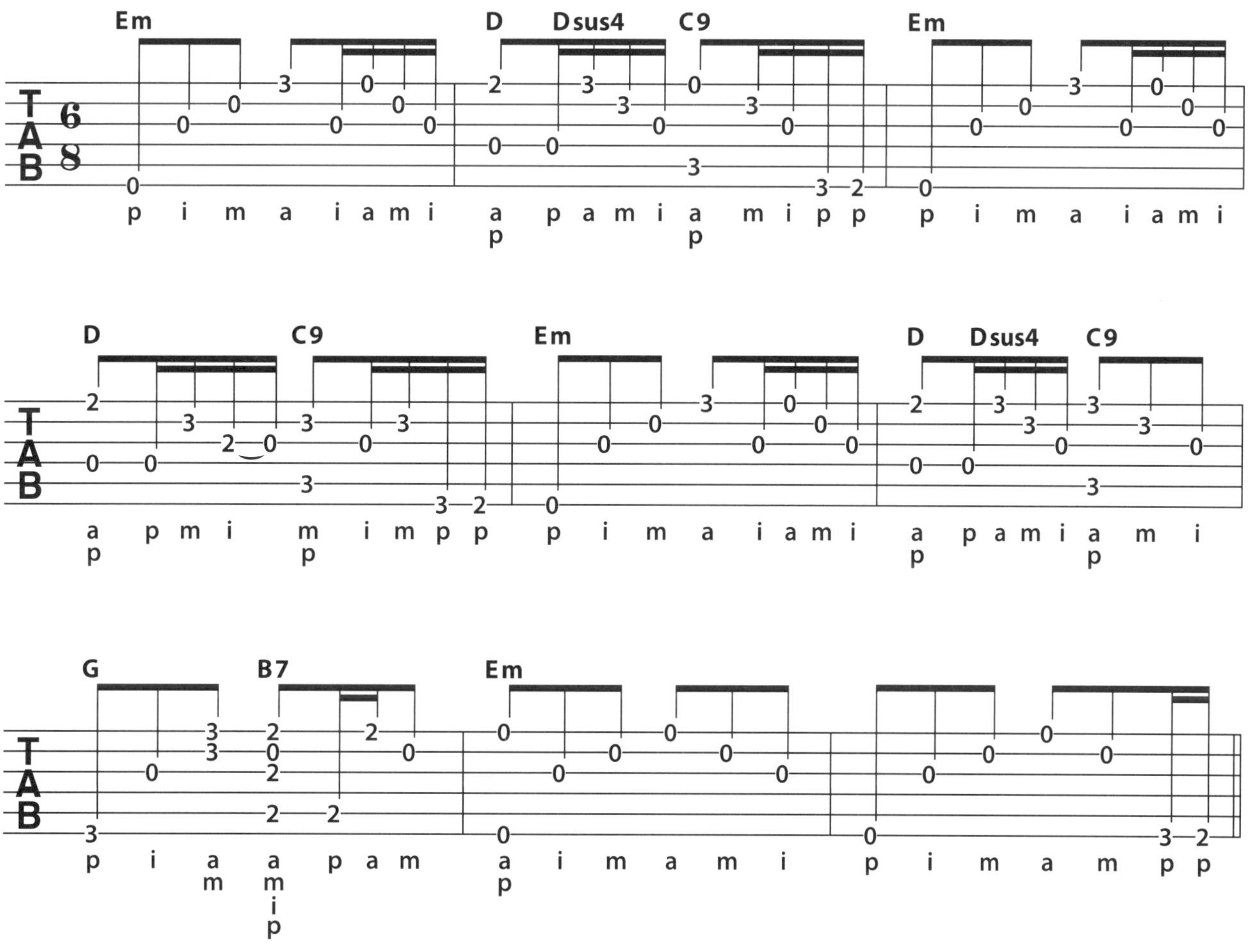
Em D Dsus4 C9 Em
D C9 Em D Dsus4 C9
G B7 Em

**Bridge**

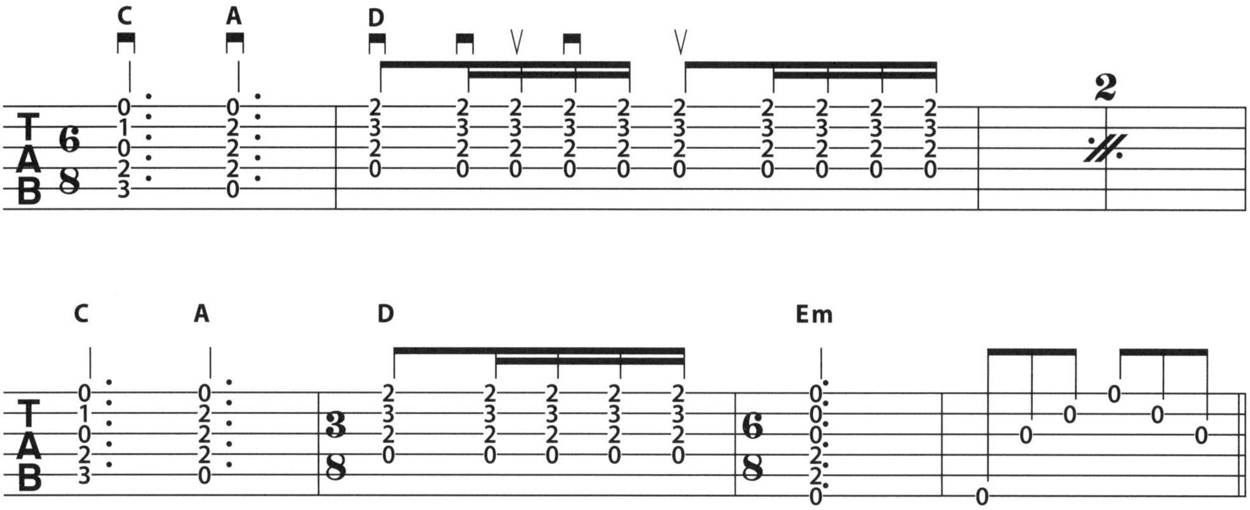


**Interlude 1**

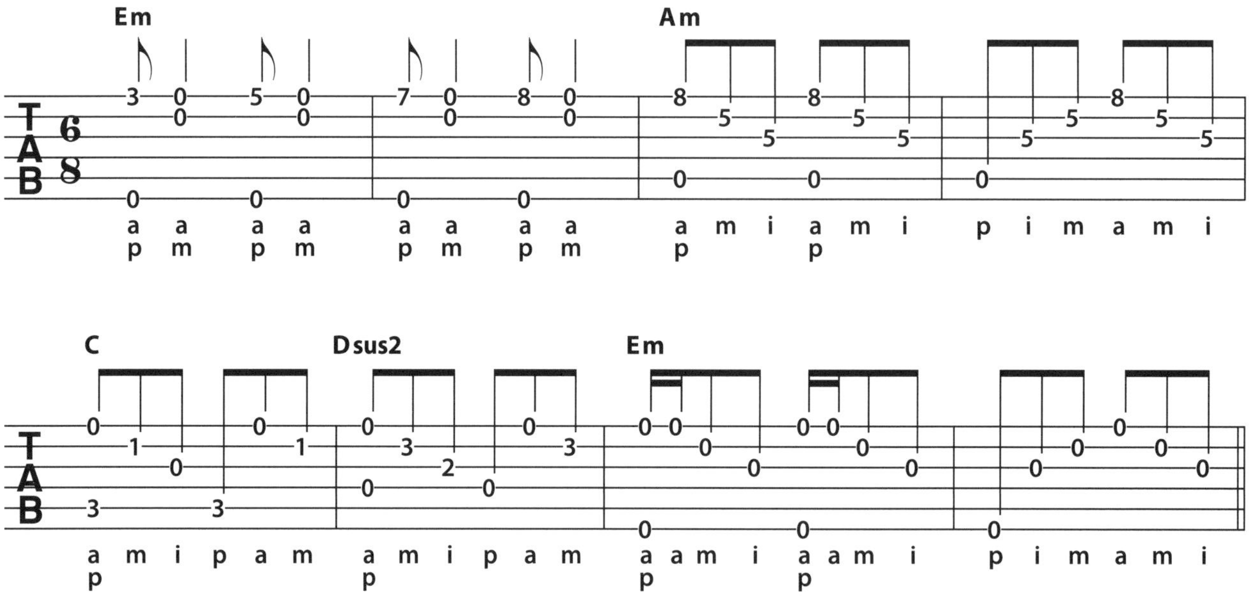


**Ending**

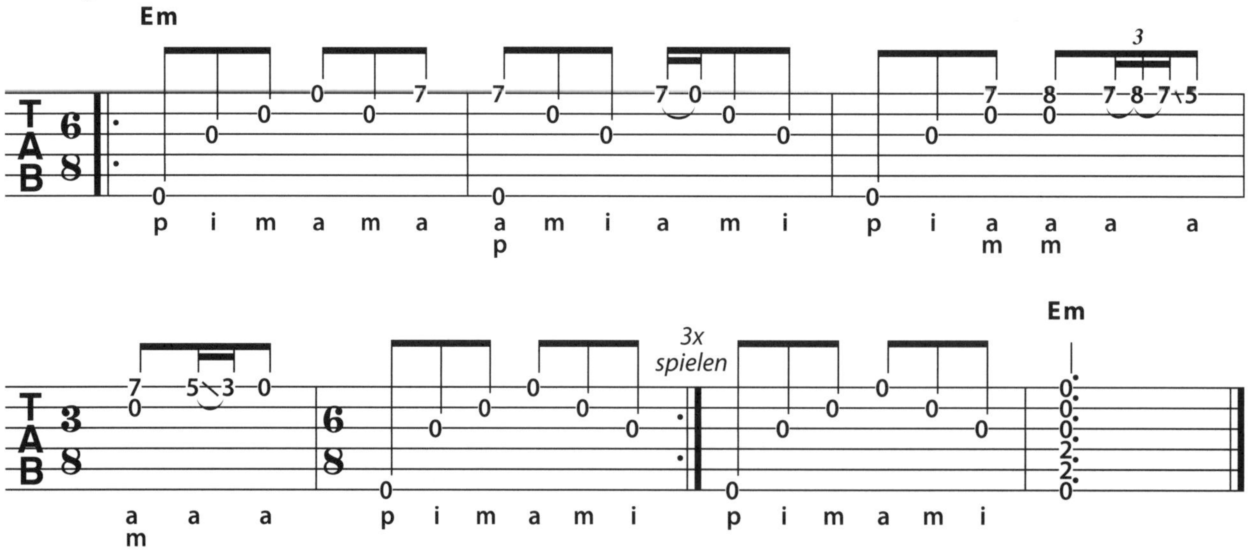

**Intro**

Em | | | | 3/8 | 6/8 Am | | C | D | Em | | | |

D C | Em | D C | Em | D C | G B | Em | |

**Strophe 1**

Em | D Dsus4 C9 | Em | D C9 |
So close, no matter | how far | could'nt be much more | from the heart.

Em | D Dsus4 C9 | G B7 | Em | |
Forever trusting | who we are, | and nothing else | matters.

Em | D Dsus4 C9 | Em | D C9 |
Never opened my- | self this way | life is ours, we live it | our way.

Em | D Dsus4 C9 | G B7 | Em | |
All these words I don't | just say | and nothing else | matters.

Em | D Dsus4 C9 | Em | D C9 |
Trust I seek and I | find in you. | Every day for us | something new,

Em | D Dsus4 C9 | G B7 | Em |
Open mind for a | different view, | and nothing else | matters.

**Bridge**

C A | D | C A |
Never cared for what they | do.

D | C A | 3/8 D | 6/8 Em | |
Never cared for what they | know, | and I | know.

**Strophe 2**

Em | D Dsus4 C9 | Em | D C9 |
So close no matter | how far, | couldn't be much more | from the heart.

Em | D Dsus4 C9 | G B7 | Em |
Forever trusting | who we are, | and nothing else | matters.

**Bridge**

C A | D | C A |
Never cared for what they | do.

D | C A | 3/8 D | 6/8 Em | |
Never cared for what they | know. | And I | know. | Yeah!

**Interlude 1 (2x)**

Em | Am | | C | Dsus2 | Em | |

**Strophe 3**

Em | D Dsus4 C9 | Em | D C9 |
Never opened my- | self this way. | Life is ours we live it | our way.

Em | D Dsus4 C9 | G B7 | Em | |
All these words I don't just | say, | and nothing else | matters, | yeah.

Em | D Dsus4 C9 | Em | D C9 |
Trust I seek and I | find in you. | Every day for us | something new.

Em | D Dsus4 C9 | G B7 | Em |
Open mind for a | different view, | and nothing else | matters.

**Bridge**

C A | D | C A | D |
Never cared for what they | say, | never cared for games they

C A | D | C A | D |
play, | I never cared for what they | do, | I never cared for what they

C A | 3/8 D | 6/8 Em |
know. | But I | know.

**Interlude 2**
*(= Intro, 2. Hälfte)*

Em D C | Em D C | Em D C | G B | Em | | | |

**Strophe 4**

Em | D Dsus4 C9 | Em | D C9 |
So close, no matter | how far | could'nt be much more | from the heart.

Em | D Dsus4 C9 | G B7 | Em | |
Forever trusting | who we are, | and nothing else | matters.

**Ending**

Em | | 3/8 | 6/8 | | | | 3/8 | 6/8 | | | | 3/8 | 6/8 | *rit.* | Em

# **Mercy** Duffy

CD1 Track 20



**Musik und Text: Stephen Booker / Aimee Duffy**

## Akkorde

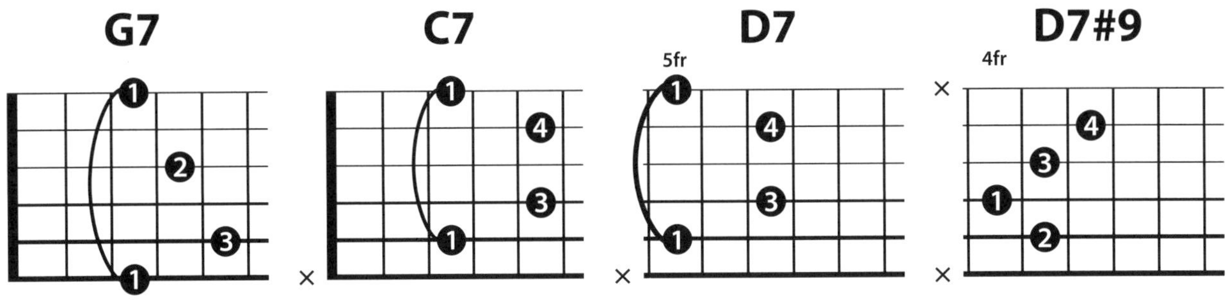


## Tabulatur

### Riff Intro, Ending

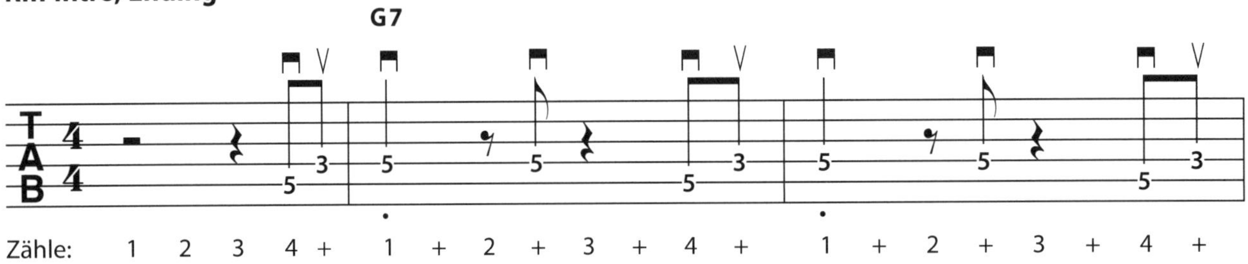


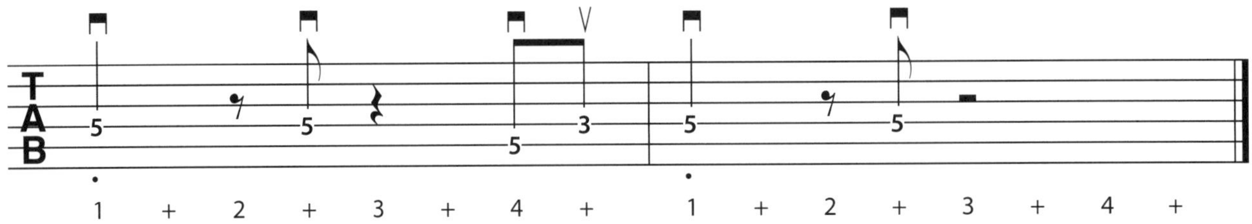


## Begleit-Rhythmus

**Rhythmus ab „Yeah, yeah, yeah."**

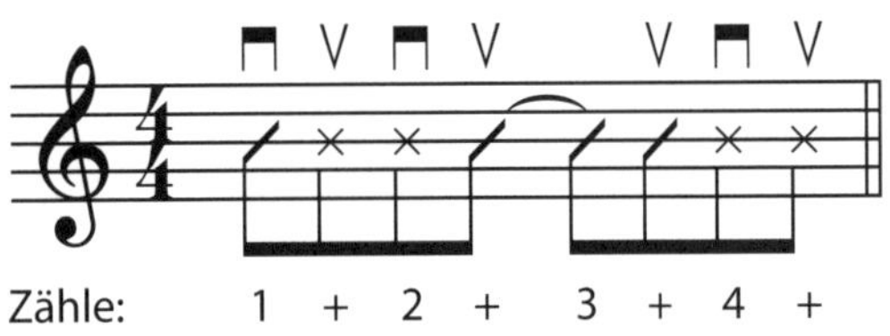


**Bridge**

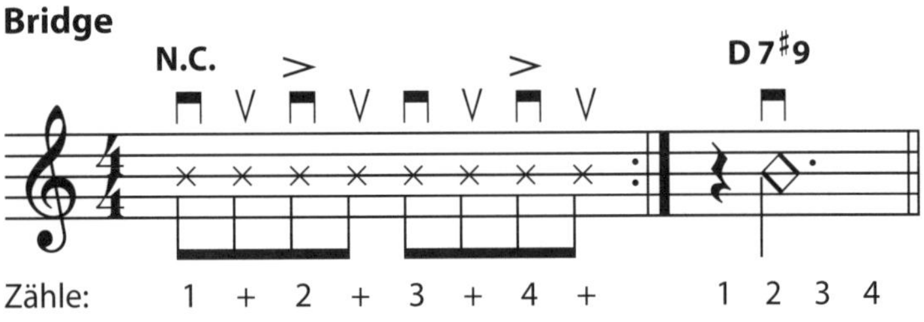

**Intro** (Riff)

G7 | | | | G7
Yeah, yeah, | yeah. | Yeah, yeah, | yeah. |

D7 | C7 | G7
Yeah, yeah, | yeah. | Yeah, yeah, | yeah. | | | |

**Strophe 1**

G7
I love | you, | but I gotta stay | true. | My morals got me on my | knees,

D7
I'm begging | please stop playing | games. | I don't know what this | is,

C7 G7
but you got me | good, just like you knew you | would. |

D7 C7 G7
I don't know what you | do, but you do it | well, I'm under your | spell. | *(Stopp)*

**Refrain**

G7
You got me begging you for | mercy, | why won't you re- | lease me? |

C7 G7
You got me begging you for | mercy, | why won't you re- | lease me? |

D7 C7 G7
I said re- | lease | ___ | __ me. |

**Strophe 2**

G7
Now you think that I, | | will be something on the | side. | But you got to under- | stand,

that I need a man, | who can take my hand, | yes I do. |

D7 C7 G7
I don't know what this | is, but you got me | good, just like you knew | you would. |

D7 C7 G7
I don't know what you | do, but you do it | well, I'm under your | spell. | *(Stopp)*

**Refrain**

G7
You got me begging you for | mercy, | why won't you re- | lease me? | ...

**Bridge**

N.C.
I'm begging you for | mercy, yes, why | won't you re- | lease me. |

I'm begging you for | mercy. | You got me begging, | you got me begging, |

D7#9
you got me begging. | |

**Refrain**

G7 C7
Mercy, | why won't you re- | lease me. | I'm begging you for | mercy, |

G7 D7 C7 G7
why won't you re- | lease me. | You got me begging you for | mer- | - | -cy, yeah. |

G7 C7
I'm begging you for | mercy, | I'm begging you for | mercy, | I'm begging you for | mercy, |

G7 D7 C7
I'm begging you for | mercy. | Why won't you re- | lease,___ | ___ yeah, |

G7
yeah, | yeah. Break it down. |

**Ending** (Riff)

G7
Yeah, yeah, yeah. | Yeah, yeah, yeah. | |

# Moves Like Jagger

## Maroon 5 Feat. Christina Aguilera

CD2 Track 01



**Musik und Text: Adam Levine / Benjamin Levin / Shellback / Ammar Malik**

## Akkorde

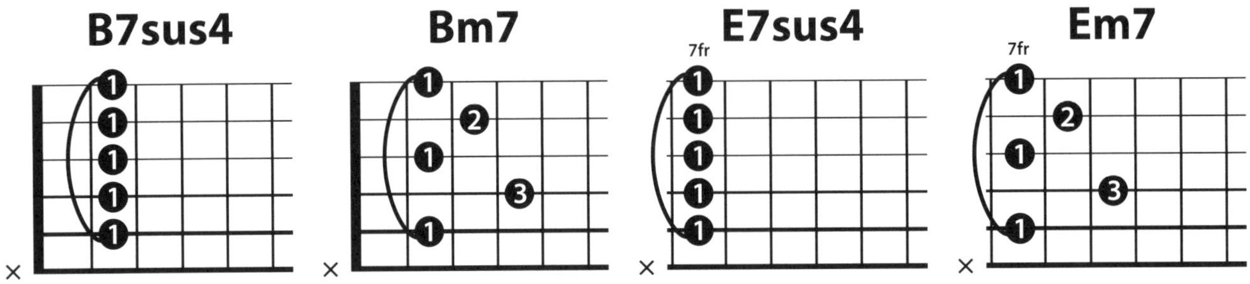


## Begleit-Rhythmus

### Tabulatur

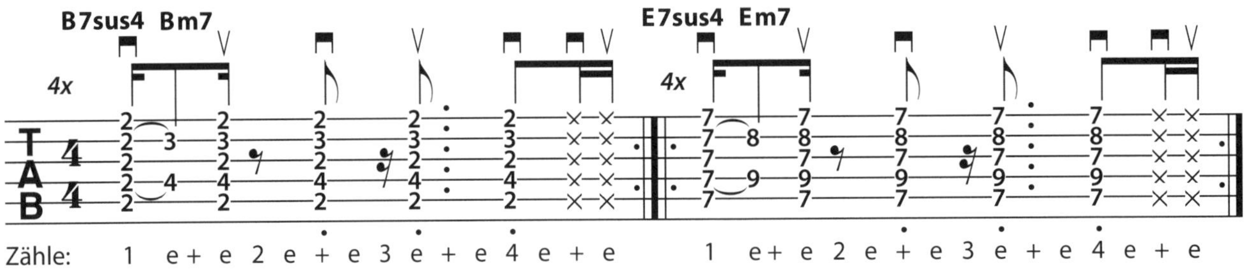


***Tipp!** Im Text wurden die sus-Akkorde aus Gründen der Übersichtlichkeit weggelassen. Beachte die Tabulatur für die genaue Spielweise.*

**Intro** | **Bm7** | | | **Em7** | | |

**Strophe 1**

Just shoot for the | **Bm7** stars, if it | feels right, and aim for my | heart,

if you | feel like, and take me a- | **Em7** way, and make it o- | kay, I swear I'll be- | have.

You wanted con- | **Bm7** trol, so we | waited, I put on a | show, now I | make it,

you say I'm a | **Em7** kid, my ego is | big, I don't give a | shit.

And it goes like this. |

**Refrain**

**Bm7**
Take me by the tongue, | and I'll know you. |

Kiss me till you're drunk, | and I'll show you all the | **Em7** moves like Jagger,

I've got the | moves like Jagger. I've got the | moves__ | like Jagger. |

**Bm7**
I don't even try | to control you, | look into my eyes | and I'll own you

with the | **Em7** moves like Jagger, I've got the | moves like Jagger.

I've got the | moves__ | like Jagger.

**Strophe 2**

Baby, it's | **Bm7** hard, when you | feel like you're broken and | scared,

nothing | feels right. But when you're with | **Em7** me, I'll make you be- | lieve,

that I've got the | key. | Oh, so get in the | **Bm7** car, we can | ride it,

wherever you | want, get in- | side it. And you want to | **Em7** steer, but I'm shifting | gears,

I'll take it from | here. Oh, yeah, | yeah, and it goes like this. |

**Refrain**

**Bm7**
Take me by the tongue, | and I'll know you. | ...

**Strophe 3**

**Bm7** *(Abschlag)*
Ah, you wanna know | how to make me smile, | **Bm7** *(Abschlag)* take control, |

own me just for the night. | **Em7** *(Abschlag)* And if I share my secret, | you're gonna have to keep it, |

**Em7** *(Abschlag)*
nobody else can see this. | | **Bm7** Ah, so watch and learn, | I won't show you twice, |

head to toe, | oh baby, rub me right. | **Em7** But if I share my secret, |

you're gonna have to keep it, | nobody else can see this, | ey, ey, ey, yeah. |

*(Stopp!)*
And it goes like this. |

**Refrain**

**Bm7**
Take me by the tongue, | and I'll know you. | ...

**Ending**

**Bm7** | |

# New Age Marlon Roudette

CD2 Track 02



**Musik und Text: Marlon Roudette / Guy Chambers**

## Akkorde (Kapodaster 3. Bund)

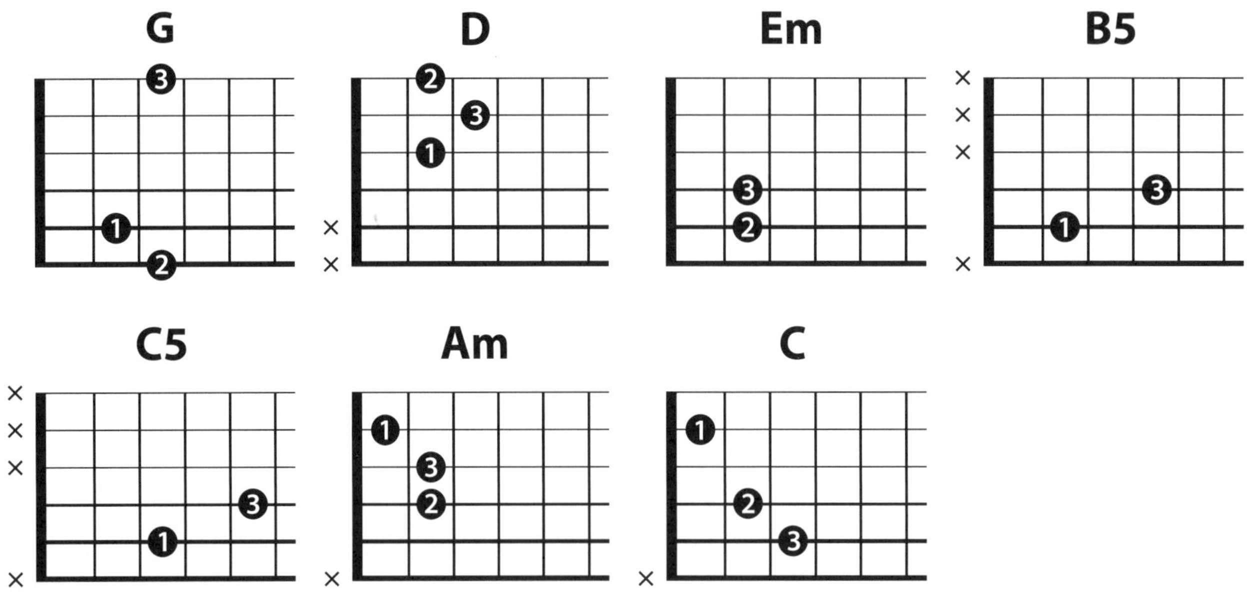


## Tabulatur

### Intro, Strophe, Interlude

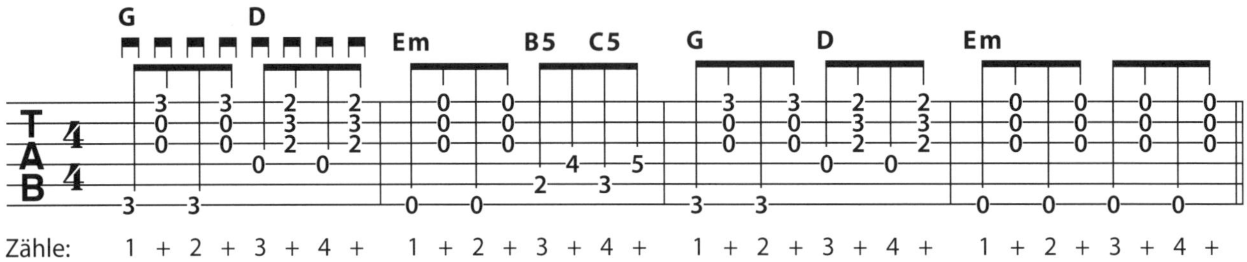


## Begleit-Rhythmus

### Refrain, Bridge, Ending

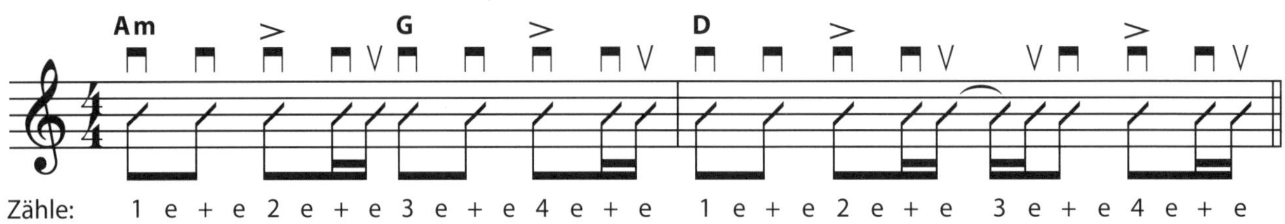

```
Intro       G  D | Em B5 C5 | G  D | Em |

Strophe 1   G                 D      Em                 B5    C5   G                     D                 Em
              If love was a word, | I don't understand      | the simplest sound, with four | letters. |
            G                 D      Em             B5   C5    G                D             Em
              Whatever it was, | I'm over it now.   | With every day, it gets | better, it gets | better.

Refrain               Am          G                   D
            Are you | loving the pain, loving the | pain?
                         Am      G                   D
            And with | every day, every day | I try to move on. |
            Am                G                      D                 C
              Whatever it was, whatever it | was, there's | nothing now. |
            D                         G
              You changed. New | Age.

Interlude   D | Em B5 C5 | G  D | Em |

Strophe 2   G                      D      Em                      B5  C5     G             D                     Em
              I'm walking away, | from everything I      had. | I need a room with new | colours. |
            G                          D       Em                     B5    C5   G                    D       Em
              And there was a time, | when I didn't mind,      | living the life of | others.

Refrain               Am          G                   D
            Are you | loving the pain, loving the | pain? ...

Bridge      G              D         Em                      G             D          Em
              So much fire that it | burned my wings. | Her heat   was a- | mazing. |
            G            D                      Em                     C              D
              Now I'm dreaming of the | simple things. | Old ways, |   erased. |

Strophe 3   G                 D      Em                  B5    C5   G                     D                  Em
              If love was a word, | I don't understand.    | The simplest sound, with four | letters.

Refrain               Am          G                   D
            Are you | loving the pain, loving the | pain? ...

Ending      Am               G                     D
                 Loving the pain, loving the | pain? Yeah.
                         Am      G                   D
            And with | everyday, everyday | I try to move on. |
            Am               G                       D                      C
              Whatever it was, whatever it | was, oh, there's | nothing now. |
            D                              G
              You changed. New Age. |
```

# **Not Fair** Lily Allen

CD2 Track 03



**Musik und Text: Greg Kurstin / Lily Allen**

## Akkorde

**Dm**

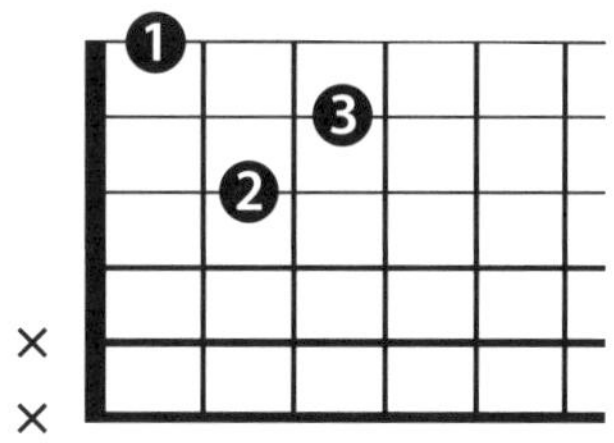

**F**

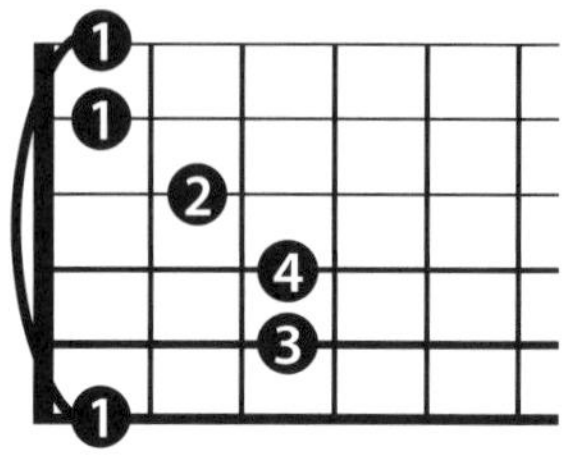

**Gm**

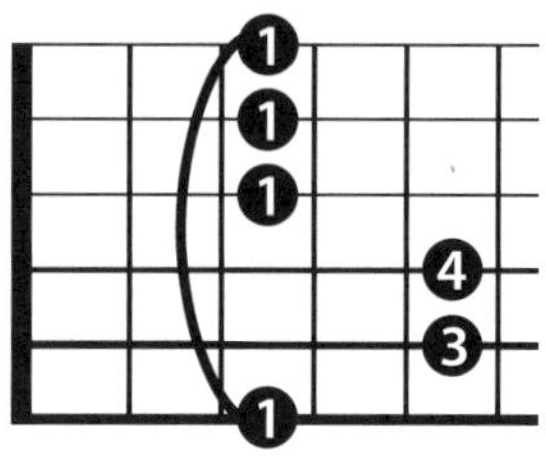

**Bb**

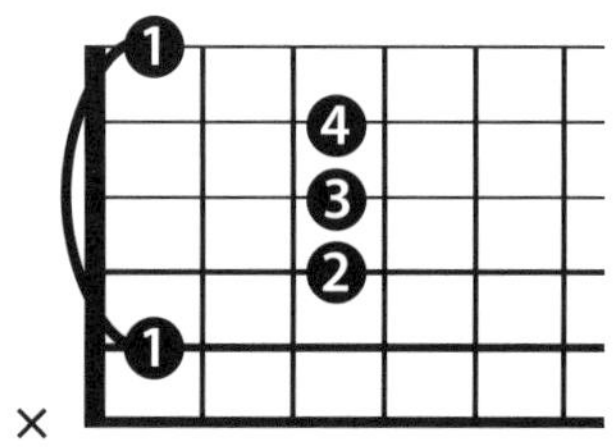

**C**

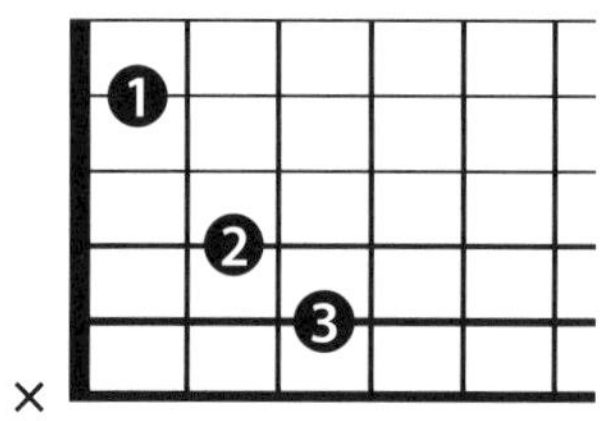

## Begleit-Rhythmus

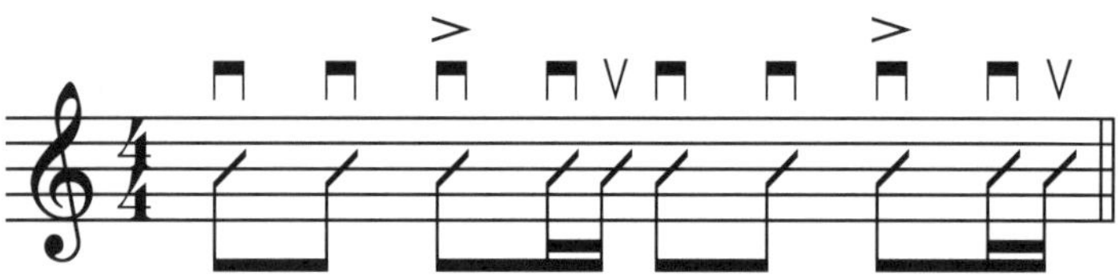

Zähle: 1 e + e 2 e + e 3 e + e 4 e + e

**Intro**
Dm | F |

**Strophe 1**
Dm
Oh, he | treats me with respect, he says he | loves me all the time.
F
He calls me | fifteen times a day, he likes to | make sure that I'm fine.
Dm
You know I've | never met a man who's made me | feel quite so secure.
F
He's not like | all them other boys. They're all so | dumb and immature.

**Bridge**
Dm F
There's just one | thing that's getting in the | way. When we go up to | bed
Dm
you're just no good, it's such a | shame. I look into your | eyes I want to get to | know you.
F F *(Stopp!)*
And then you make this | noise and it's apparent it's all | over. |

**Refrain**
Gm Bb F
It's not fair and I | think you're really mean. I | think you're really mean,
C Gm Bb
I | think you're really mean. Oh, | you're supposed to care, but you | never make me scream.
C Gm Bb
You | never make me scream. | Oh, | it's not fair and it's | really not ok.
F C Gm Bb
It's | really not ok, it's | really not ok. Oh, | you're supposed to care, but | all you do is take.
C
Yeah, | all you do is take. |

**Strophe 2**
Dm
Oh, I | lie here in the wet patch in the | middle of the bed.
F
I'm feeling | pretty damn hard done by I spent | ages giving head.
Dm
Then I re- | member all the nice things that you | ever said to me.
F
Maybe I'm | just overreacting, maybe | you're the one for me.

**Bridge**
Dm
There's just one | thing that's getting in the | way. ...

**Refrain**
Gm Bb F
It's not fair and I | think you're really mean. I | think you're really mean, ...

**Interlude**
Dm | F | Dm | F |

**Bridge**
Dm
There's just one | thing that's getting in the | way. ...

**Refrain**
Gm Bb F
It's not fair and I | think you're really mean. I | think you're really mean, ...

**Ending**
C F *(Abschlag)*
Yeah, | all you do is take. | |

# Nur noch kurz die Welt retten Tim Bendzko

CD2 Track 04



**Musik und Text: Tim Bendzko / Simon Triebel / Mo Brandis**

## Akkorde

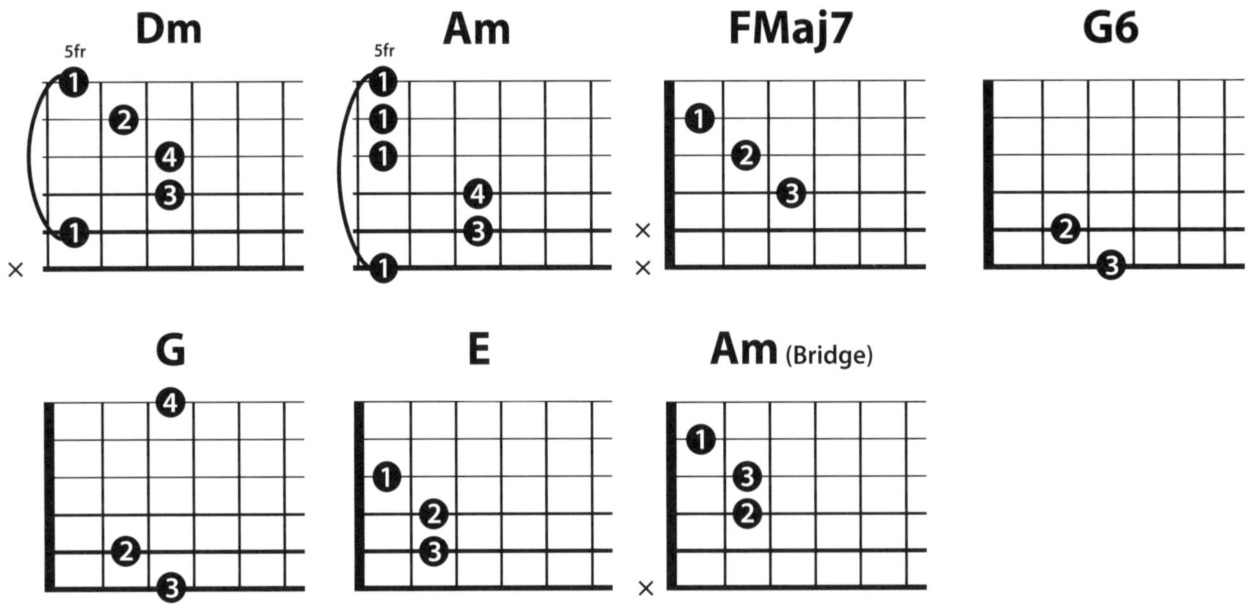


## Begleit-Rhythmus

### Intro

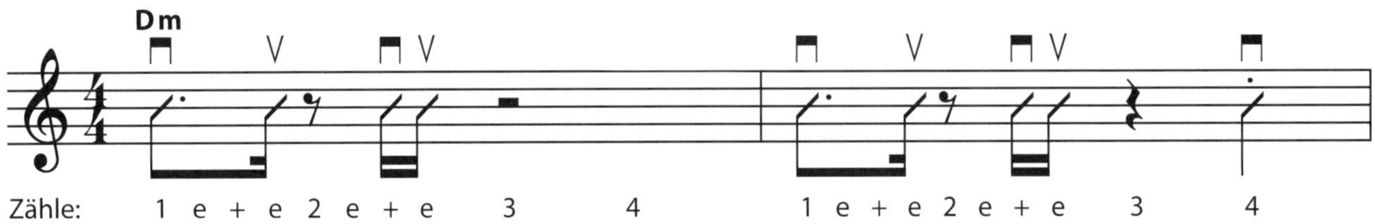


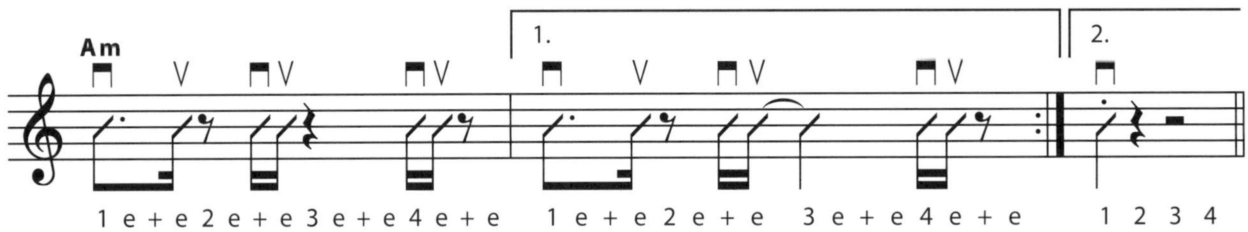

**Strophe**

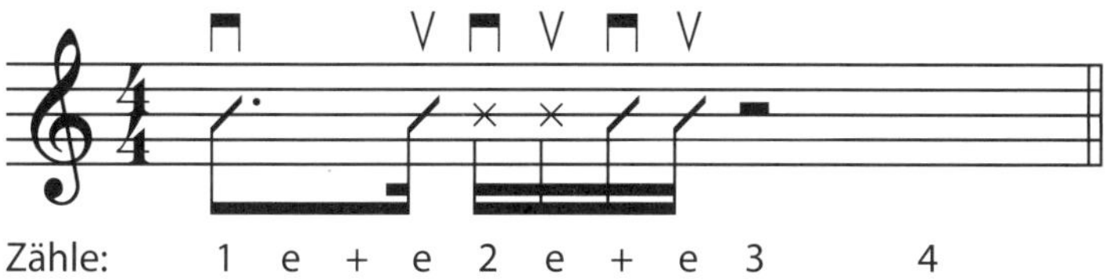


**Strophe (2. Teil)**

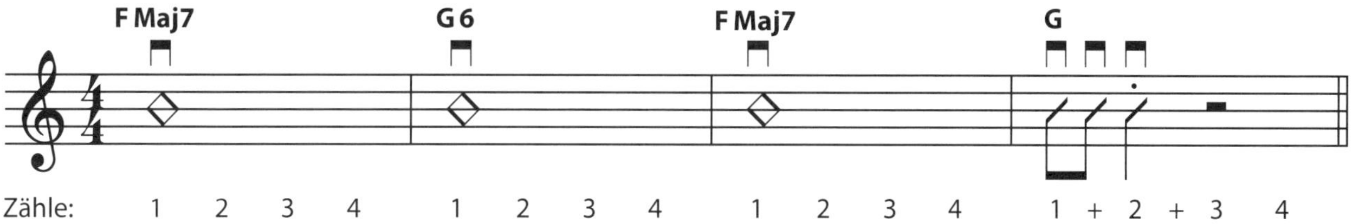


**Refrain**

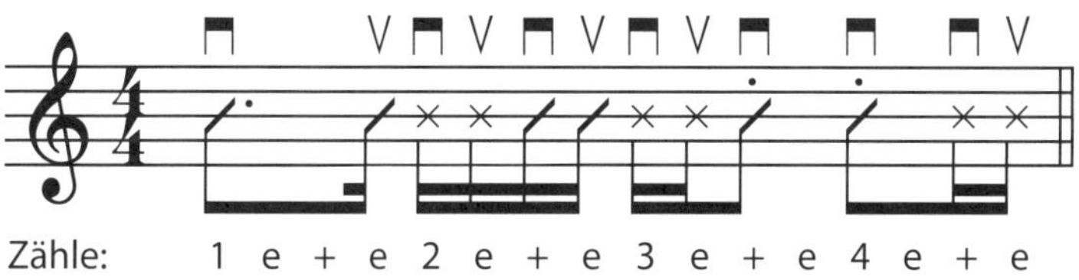


**Refrain (2. Hälfte)**

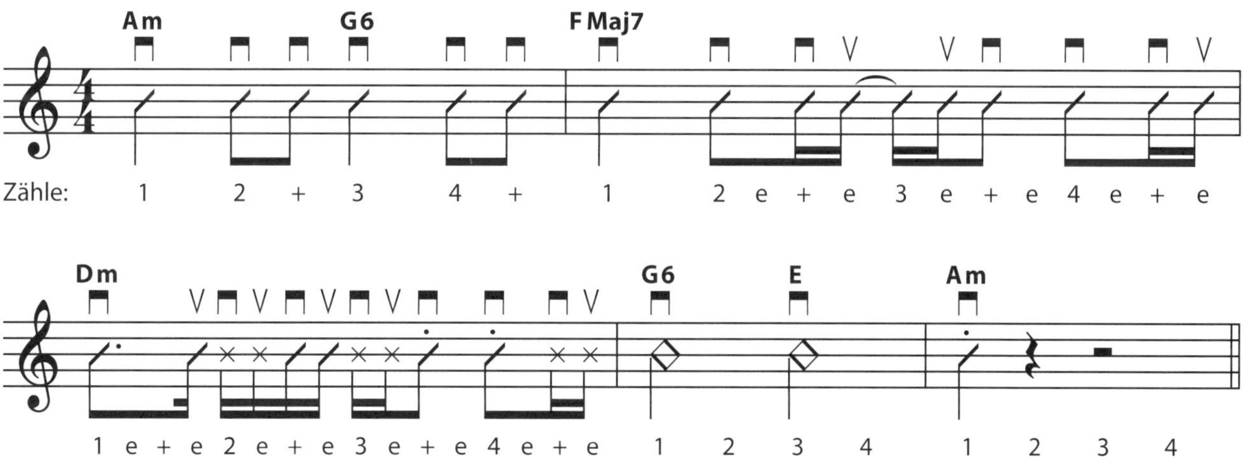


**Bridge**

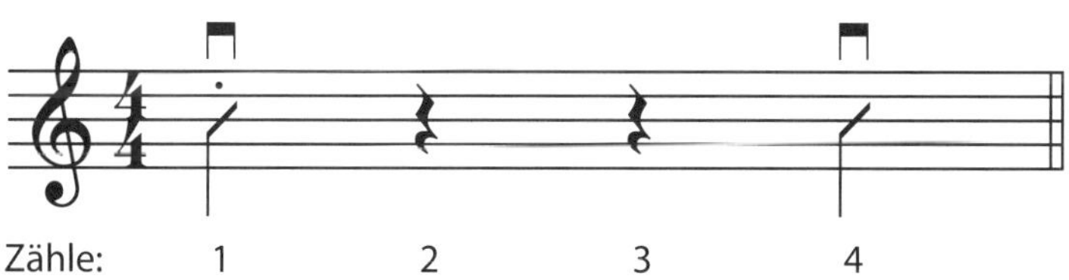

**Intro**

| Dm | Am | Dm | Am |
|---|---|---|---|

**Strophe 1**

| | Dm | |
|---|---|---|
| Ich wär so | gern dabei gewesen, doch ich hab | viel zu viel zu tun. |

| | Am | | Dm |
|---|---|---|---|
| Lass uns | später weiter reden. | Da draußen | brauchen sie mich jetzt, |

| | | Am | |
|---|---|---|---|
| die Situa- | tion wird unterschätzt. Und viel- | leicht hängt unser Leben davon | ab. |

| | FMaj7 | G6 |
|---|---|---|
| Ich | weiß, es ist dir ernst, du kannst mich | hier grad nicht entbehren. |

| | FMaj7 | G |
|---|---|---|
| Nur keine | Angst, ich bleib nicht all zu lange | fern. |

**Refrain**

| | Dm | | Am |
|---|---|---|---|
| Muss nur noch kurz die | Welt retten, | danach flieg ich zu | dir. |

| | Dm | | Am |
|---|---|---|---|
| Noch hundertachtundvierzig | Mails checken, | wer weiß, was mir dann noch pas- | siert, |

| G6 | FMaj7 | Dm |
|---|---|---|
| denn es passiert so | viel. Muss nur noch kurz die | Welt retten, |

| | G6 E | Am |
|---|---|---|
| und | gleich danach bin ich wieder bei | dir. |

**Strophe 2**

| | Dm | | Am |
|---|---|---|---|
| Irgend- | wie bin ich spät dran, fang schon mal | mit dem Essen an. Ich stoß dann | später dazu. |

| | Dm | |
|---|---|---|
| Du fragst wie- | so weshalb warum, ich sag, wer | sowas fragt ist dumm. |

| | Am | | FMaj7 |
|---|---|---|---|
| Denn Du | scheinst wohl nicht zu wissen, was ich | tu. Ne ganz be- | sondere Mission, |

| | G6 | FMaj7 | G |
|---|---|---|---|
| lass mich dich | mit Details verschon'n. Ge- | nug gesagt, genug Informa- | tion. |

**Refrain**

| | Dm | | Am | |
|---|---|---|---|---|
| Muss nur noch kurz die | Welt retten, | danach flieg ich zu | dir. | ... |

**Bridge**

| | E | Am | E |
|---|---|---|---|
| Die Zeit läuft mir da- | von, zu warten wäre eine | Schande für die ganze Weltbe- | völkerung. |

| | Am | E | Am |
|---|---|---|---|
| Ich muss jetzt | los, sonst gibt's die große Katas- | trophe, merkst du nicht, dass wir in | Not sind? |

**Refrain**

| | Dm | | Am |
|---|---|---|---|
| Ich muss jetzt echt die | Welt retten, | danach flieg ich zu | dir. |

| | Dm | | Am |
|---|---|---|---|
| Noch hundertachtundvierzig | Mails checken, | wer weiß, was mir dann noch pas- | siert, |

| G6 | FMaj7 | Dm | | Am |
|---|---|---|---|---|
| denn es passiert so | viel. Muss nur noch kurz die | Welt retten, | danach flieg ich zu | dir. |

| | *(Stopp!)* | Dm |
|---|---|---|
| Noch hundertachtundvierzig- | tausendsiebenhundertdreizehn | Mails checken, |

| | Am G6 | FMaj7 |
|---|---|---|
| wer weiß, was mir dann noch pas- | siert, denn es passiert so | viel. |

**Ending**

| | Dm | G6 E | Am *(Stopp!)* |
|---|---|---|---|
| Muss nur noch kurz die | Welt retten, und | gleich danach bin ich wieder bei | dir. |

# Let Her Go Passenger

CD2 Track 05



**Musik und Text: Michael Rosenberg**

## Akkorde (Kapodaster 7. Bund)

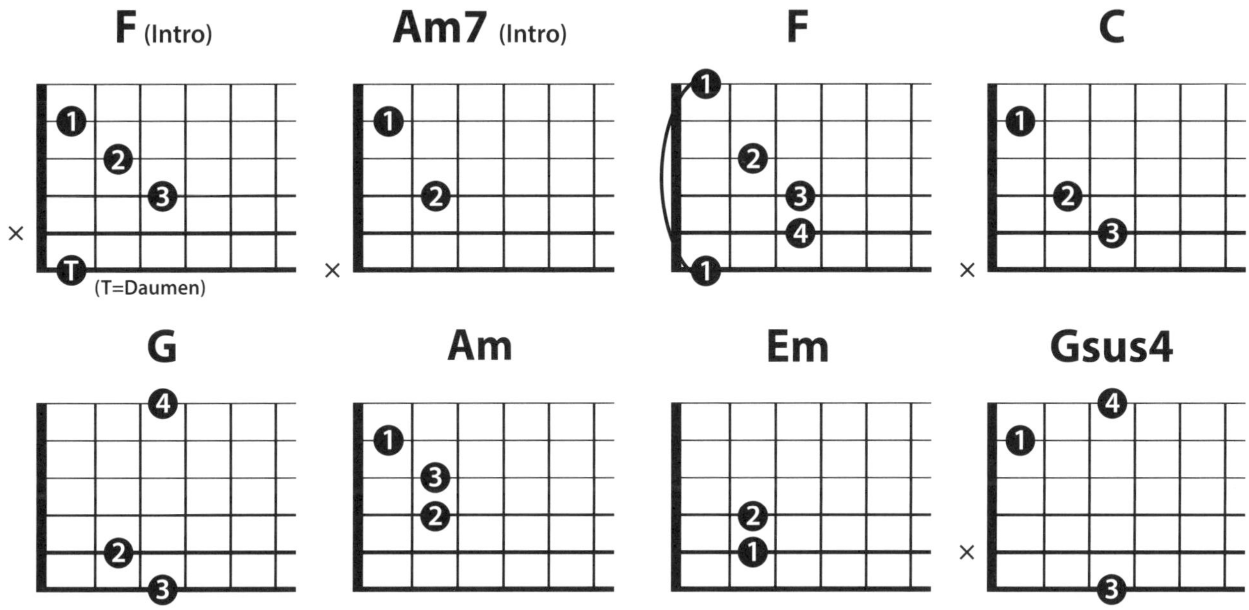


## Tabulatur

### Intro

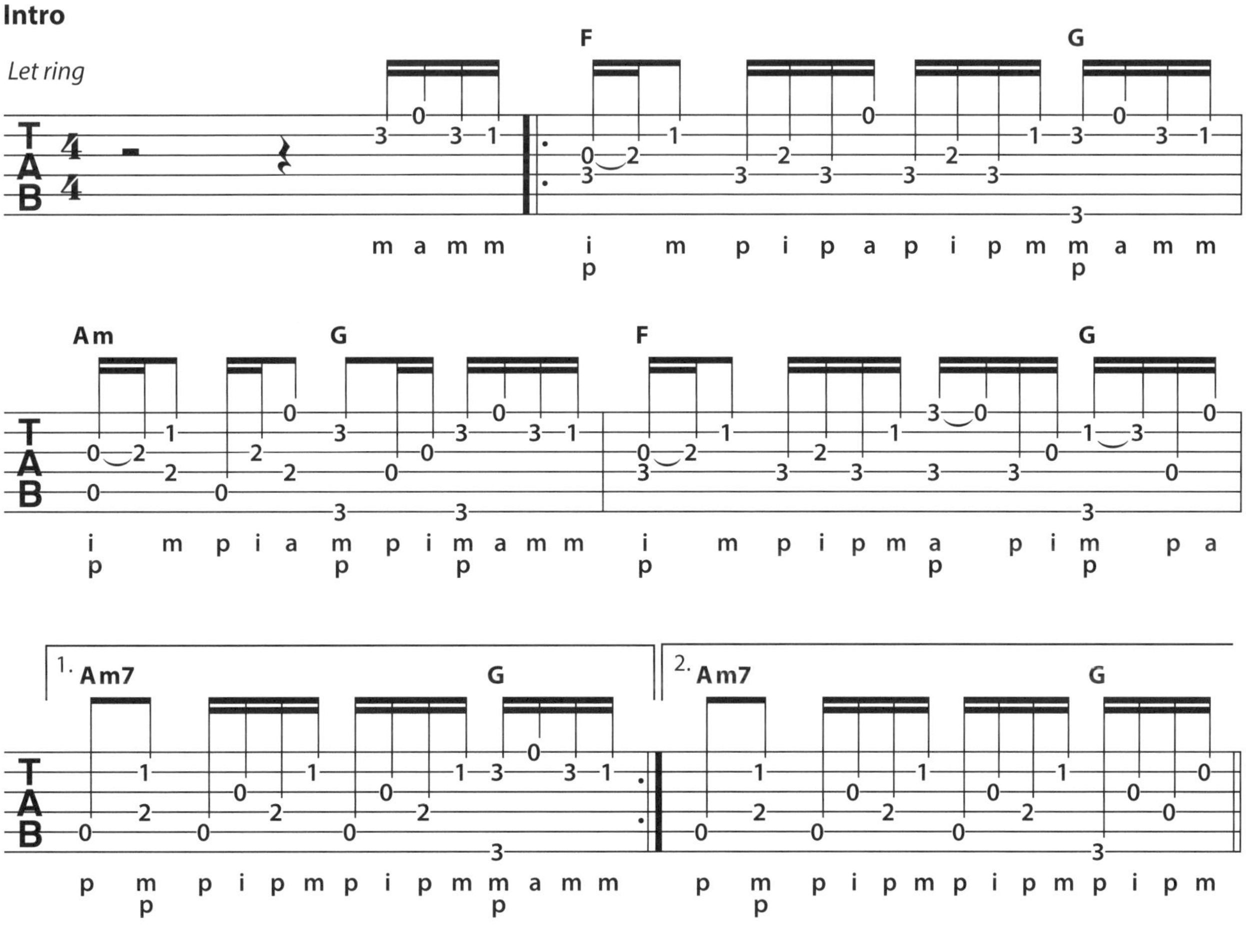

**Refrain 1**

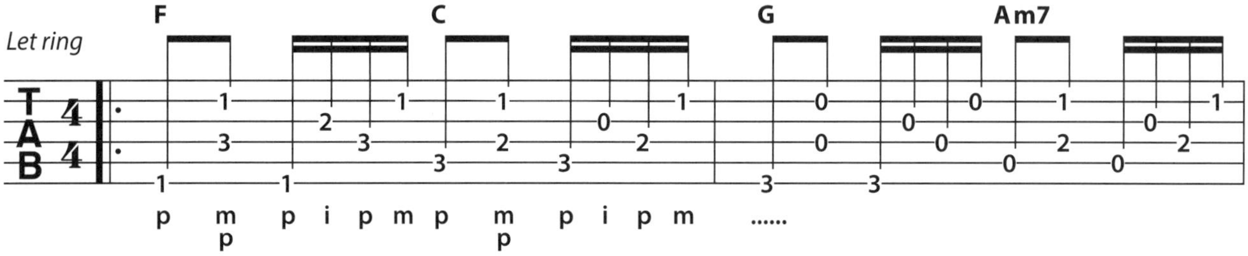


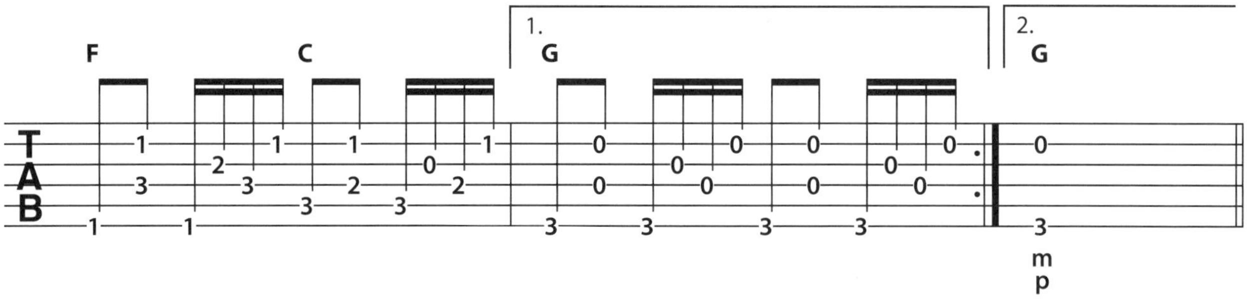


## Begleit-Rhythmus

**Rhythmus ab Interlude**

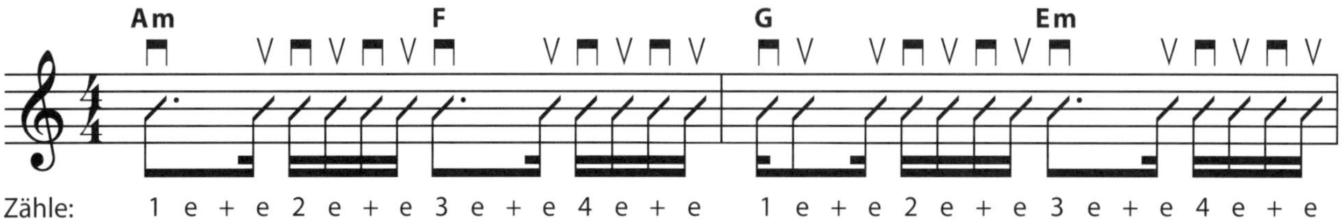


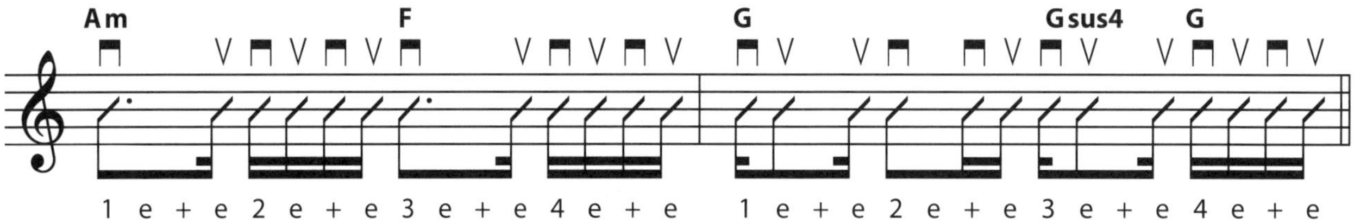


**Intro** | F G | Am G | F G | Am G | F G | Am G | F G | Am |

**Refrain 1**

G | F C | G
Well you only need the | light when it's burning low. Only miss the | sun

Am | F C |
when it starts to snow. Only know you | love her when you let her go. |

G | F C | G
Only know you've been | high when you're feeling low. Only hate the | road

Am | F C |
when you're missing home. Only know you | love her when you let her go. |

G
And you let her | go.

**Interlude**

```
Am F | G Em | Am F | G Gsus4 G |
```

**Strophe 1**

```
Am                             F               | G                              Em
Staring at the bottom of your glass. Hoping    | one day you'll make a dream last.
                 | Am                F  | G
But dreams come  | slow and they go so fast.  |
Gsus4 G    | Am                          F
      You  | see her when you close your eyes.
       | G                        Em                  | Am          F   | G
Maybe  | one day you'll understand why. Everything you | touch surely dies. |
```

**Refrain 2**

```
Gsus4 G                           | F                          C              | G
      But you only need the       | light when it's burning low.  Only miss the | sun
                          Am      | F                            C   | G
when it starts to snow.   Only know you | love her when you let her go. |
Gsus4  G                       | F                        C             | G
   Only know you've been       | high when you're feeling low.  Only hate the | road
                         Am              | F                               C |
when you're missing home. Only know you  | love her when you let her go.     |
G Gsus4 G |
```

**Strophe 2**

```
Am                          F          | G                      Em
Staring at the ceiling in the dark. Same old | empty feeling in your heart.
                   | Am               F | G
'Cause love comes  | slow and it goes so fast. |
Gsus4 G         | Am                   F
      Well you  | see her when you fall asleep.
              | G                 Em
But never to  | touch and never to keep.
                         | Am                     F   | G
'Cause you loved her too | much and you dive too deep. |
```

**Refrain 1**

```
Gsus4   G                 | F                          C              | G
Well you only need the    | light when it's burning low.  Only miss the | sun ...
```

**Bridge**

```
Am    F   | G  Gsus4    G          | Am    F  | G  Gsus4  G        |
Oh oh, oh | no.  And you let her go. | Oh oh, oh | no.  Well  you let her | go.
```

**Interlude**

```
Am F | G Em | Am F | G
```

**Refrain 2 (2x)**
*(Wdh. nur Abschläge)*

```
Gsus4   G                      | F                          C              | G
 'Cause you only need the      | light when it's burning low.  Only miss the | sun ...
```

**Ending**

```
                 Am
and you let her go.
```

# Over The Rainbow Israel „IZ" Kamakawiwo'ole

CD2 Track 06



**Musik und Text: Harold Arlen / E.Y. Harburg**

## Akkorde (Kapodaster 5. Bund)

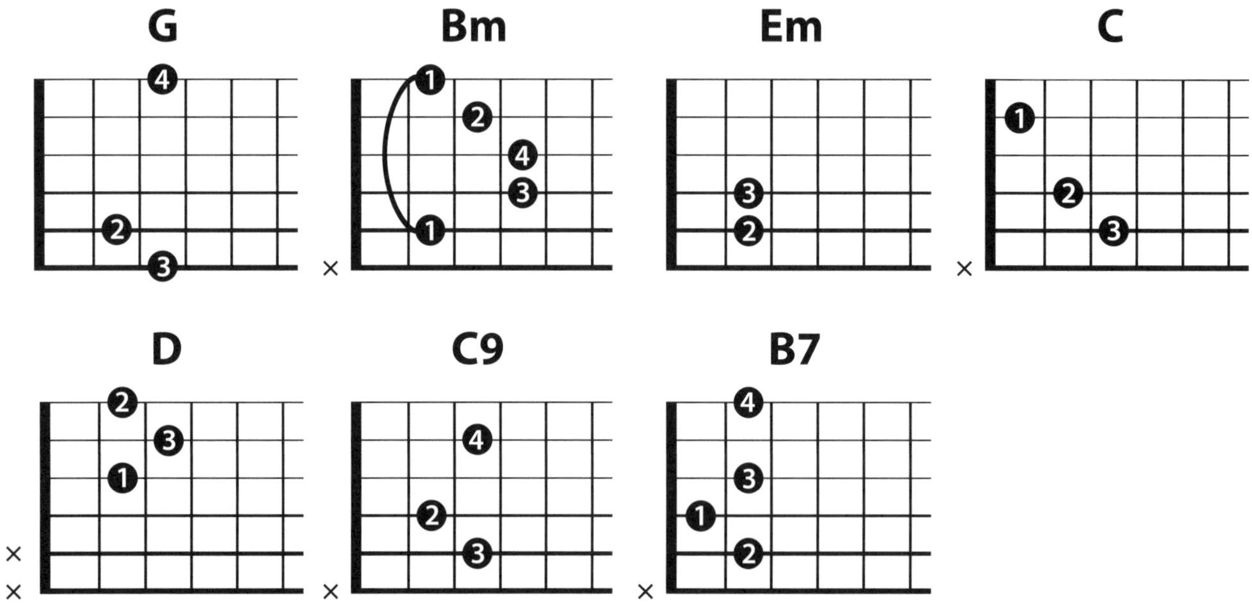


## Begleit-Rhythmus

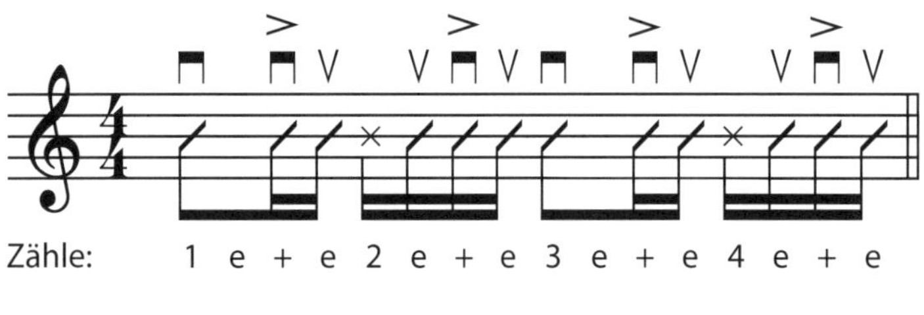


***Tipp!*** *Bei den mit „x-Notenköpfen" stoppst du die Saiten mit der Anschlagshand.*

**Intro**

| G Bm | Em C | G D | Em C9 | C |
|---|---|---|---|---|

| G | Bm | C | G |
|---|---|---|---|
| Uuh____ | uuh____ | uuh____ | ___. |

| C | B7 | Em | C |
|---|---|---|---|
| Uuh____ | uuh____ | uuh____ | ___. |

**Refrain 1**

| G | Bm | C | G |
|---|---|---|---|
| Somewhere | over the rainbow, | way up | high. |

| C | G | D | Em | C |
|---|---|---|---|---|
| And the | dreams that you dreamed of | once in a lulla- | by, | ah-ah-ay. |

| G | Bm | C | G |
|---|---|---|---|
| Somewhere | over the rainbow, | blue birds | fly. |

| C | G | D | Em | C |
|---|---|---|---|---|
| And the | dreams that you dreamed of | dreams really do come | true, | uuh-uh-uh. |

**Strophe 1**

| | G | D | Em | C |
|---|---|---|---|---|
| Some- | day I'll wish upon a star, | wake up where the clouds are far be- | hind, | be___. |

| | G |
|---|---|
| Where | trouble melts like lemon drops, |

| D | Em | C |
|---|---|---|
| high above the chimney tops that's | where you'll | find me, oh. |

**Refrain 2**

| G | Bm | C | G |
|---|---|---|---|
| Somewhere | over the rainbow, | blue birds | fly. |

| C | G | D | Em | C |
|---|---|---|---|---|
| And the | dream that you dare to, oh | why, oh why can't | I___? | Ah-ah-ay. |

**Strophe 2**

| | G | D | Em | C |
|---|---|---|---|---|
| Some- | day I'll wish upon a star, | wake up where the clouds are far be- | hind, | be___. |

| | G |
|---|---|
| Where | trouble melts like lemon drops, |

| D | Em | C |
|---|---|---|
| high above the chimney tops that's | where you'll | find me, oh. |

**Refrain 3**

| G | Bm | C | G |
|---|---|---|---|
| Somewhere | over the rainbow, | way up | high. |

| C | G | B7 | Em | C |
|---|---|---|---|---|
| And the | dream that you dare to, oh | why, oh why can't | I___? | Ah-ah-ay. |

**Ending**

| G | Bm | C | G |
|---|---|---|---|
| Uuh____ | uuh____ | uuh____ | ___. |

| C | B7 | Em | C | G |
|---|---|---|---|---|
| Uuh____ | uuh____ | uuh____ | uuh____ | uuh__. |

*(G auf Zählzeit 3 nur einmal anschlagen)*

# Set Fire To The Rain Adele





**Musik und Text: Fraser T. Smith / Adele Adkins**

## Akkorde (Kapodaster 5. Bund)

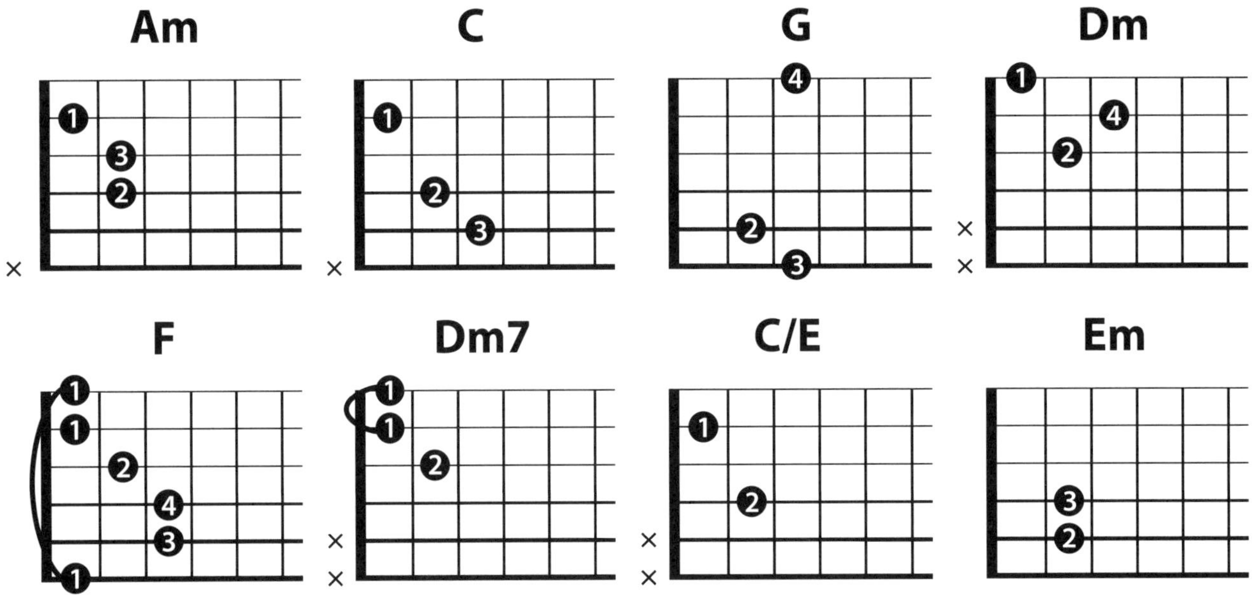


## Picking-Muster

### Intro, Strophe

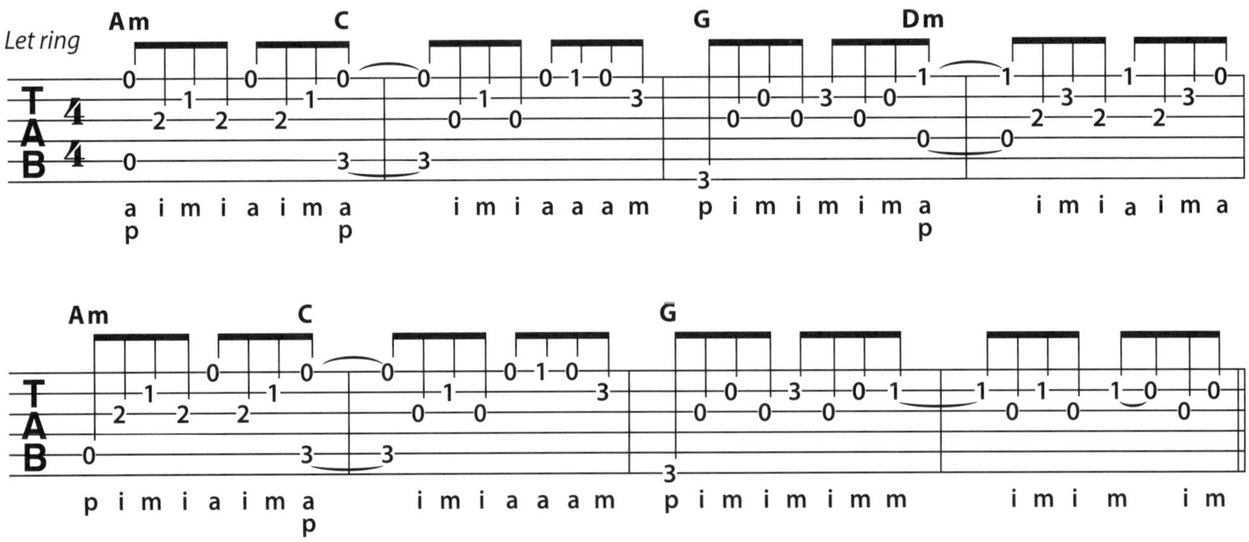

**Bridge**

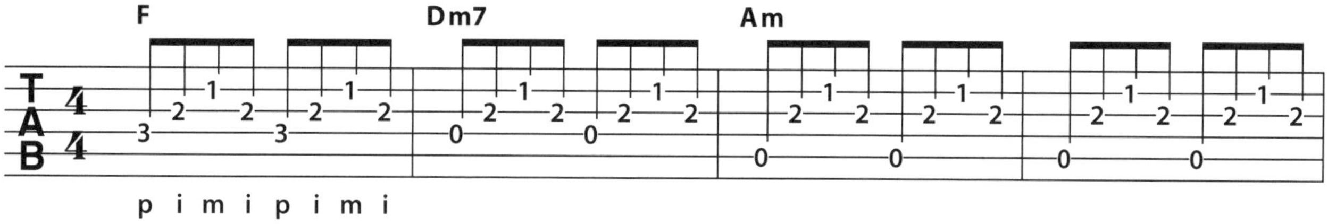


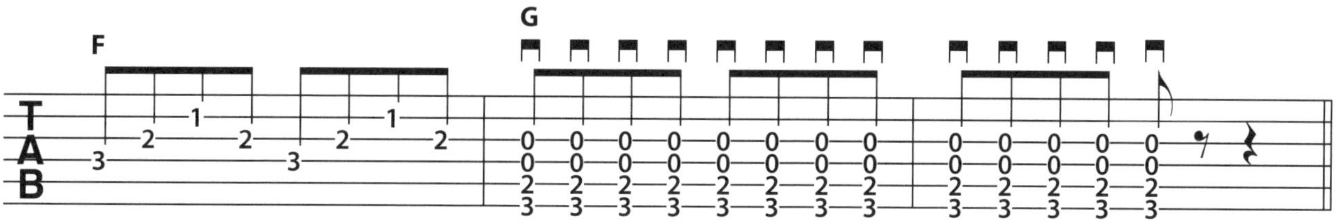


**Interlude**

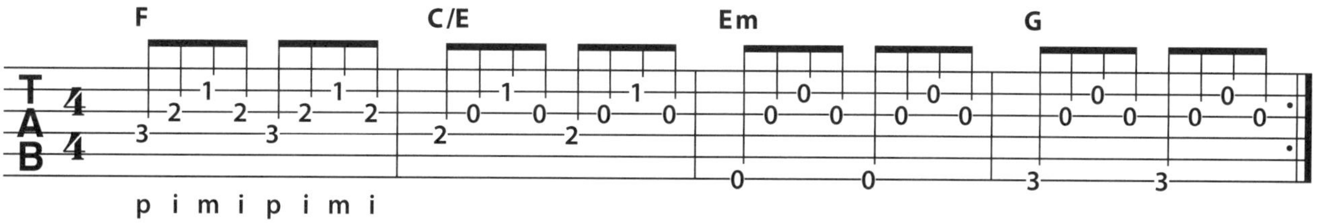


## Begleit-Rhythmus

**Refrain, Ending**

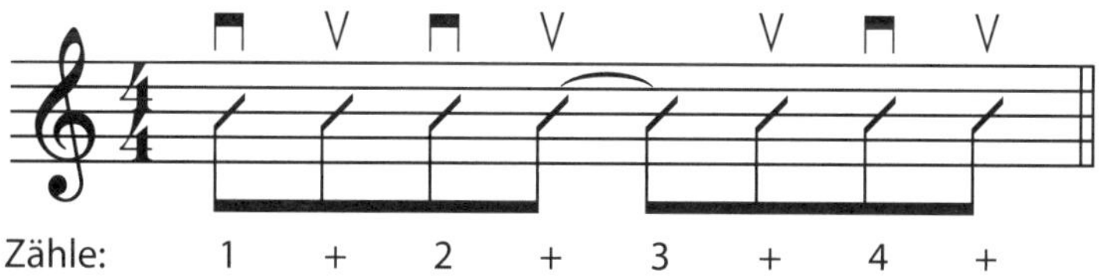


**Intro**

**Am | C | G | Dm**

**Strophe 1**

I let it | **Am** fall, my | **C** heart, and as it | **G** fell you rose to | **Dm** claim it.

It was | **Am** dark and I was o- | **C** ver, until you | **G** kissed my lips and you | saved me.

My | **Am** hands, they were | **C** strong, but my | **G** knees were far too weak. | **Dm**

To | **Am** stand in your | **C** arms, without | **G** falling to your | feet.

**Bridge**

| | F | Dm7 |
|---|---|---|
| But there's a | side to you that I | never knew, never knew. |

| | Am | |
|---|---|---|
| All the | things you'd say, they were | never true, never true. |

| | F | G |
|---|---|---|
| And the | games you'd play, you would | always win, always win. |

**Refrain**

| | Am | | G | |
|---|---|---|---|---|
| But I set | fire to the | rain, watched it | pour as I touched your | face. |

| | Dm | | Am | G |
|---|---|---|---|---|
| Let it | burn while I cry, 'cause I | heard it screaming out your | name, your | name. |

**Strophe 2**

| | Am | C | G | Dm |
|---|---|---|---|---|
| When | layin' with | you, I could | stay there, | close my eyes. |

| | Am | C | G | |
|---|---|---|---|---|
| Feel you | here for- | ever, you and | me, together, nothing gets | better. |

**Bridge**

| | F | Dm7 | Am |
|---|---|---|---|
| 'Cause there's a | side to you that I | never knew, never knew. All the | things you'd say, ... |

**Refrain**

| | Am | | G | |
|---|---|---|---|---|
| But I set | fire to the | rain, watched it | pour as I touched your | face. |

| | Dm | | Am | G |
|---|---|---|---|---|
| Let it | burn while I cry, 'cause I | heard it screaming out your | name, your | name. |

| | Am | | G | |
|---|---|---|---|---|
| I set | fire to the | rain, and I threw | us into the | flames. |

| | Dm | | F | G |
|---|---|---|---|---|
| And I | felt something die, 'cause I | knew that that was the last | time, the last | time. |

**Interlude**

| | F | C/E | Em | G |
|---|---|---|---|---|
| Sometimes, | I wake up by the | door, and heard you | calling, must be waiting | for you. |

| | F | C/E | Em | G |
|---|---|---|---|---|
| Even | now when we're already | over, I can't | help myself from looking | for you. |

**Refrain**

| | Am | | G | |
|---|---|---|---|---|
| I set | fire to the | rain, watched it | pour as I touched your | face. |

| | Dm | | Am | G |
|---|---|---|---|---|
| Let it | burn while I cry, 'cause I | heard it screaming out your | name, your | name. |

| | Am | | G | | Dm |
|---|---|---|---|---|---|
| I set | fire to the | rain, and I threw | us into the | flames. And I | felt something die, |

| | | F | G |
|---|---|---|---|
| 'cause I | knew that that was the last | time, the last | time. |

**Ending**

| Am | | G | | Dm | | Am | G |
|---|---|---|---|---|---|---|---|
| Ohoh__, | oh- | ____- | __, let it | burn, | oh- | ____- | __. |

| | Am | | G | | Dm | | F | G | Am |
|---|---|---|---|---|---|---|---|---|---|
| Let it | burn__ | __ | __. | Let it | burn__ | __ | __ | __ | __. |

# Something In The Water Brooke Fraser

CD2 Track 08



Musik und Text: Brooke Fraser / Scott Ligertwood

## Akkorde

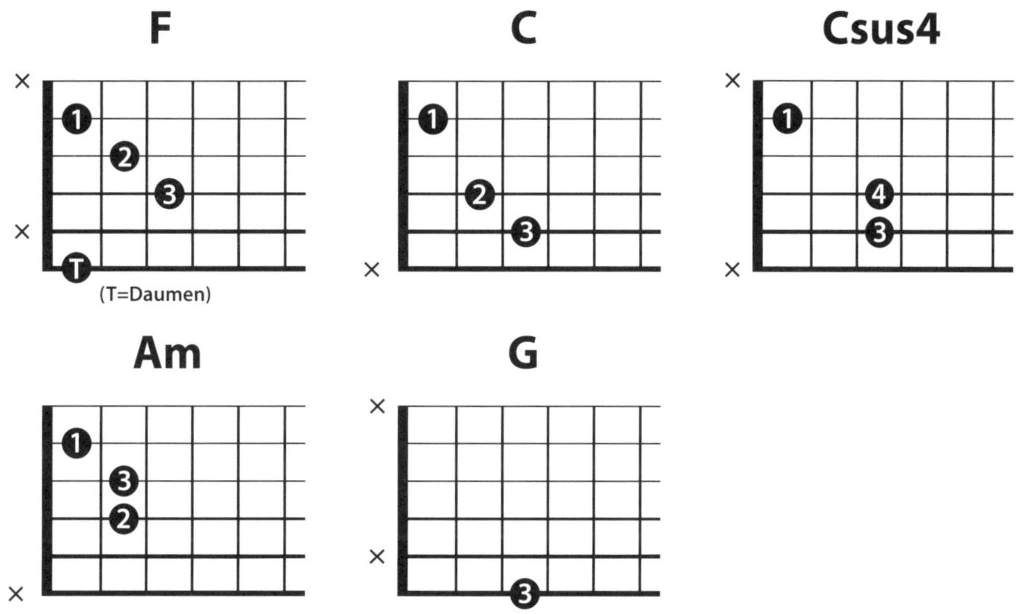


## Picking-Muster

**Intro**

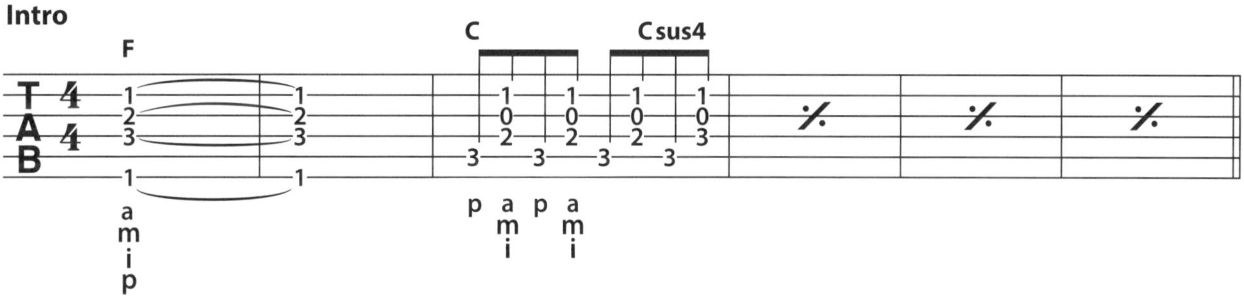


**Strophe**

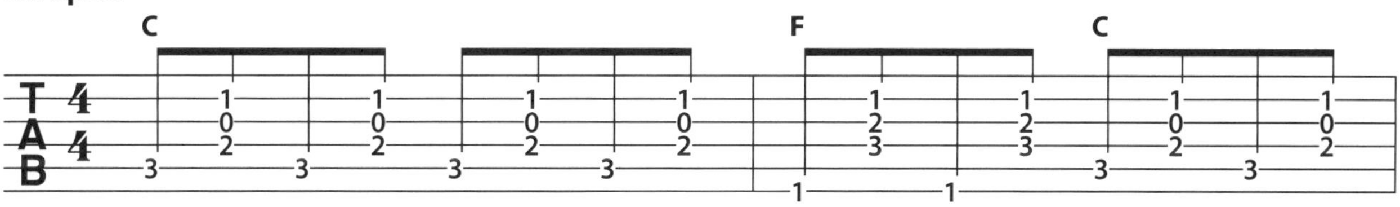


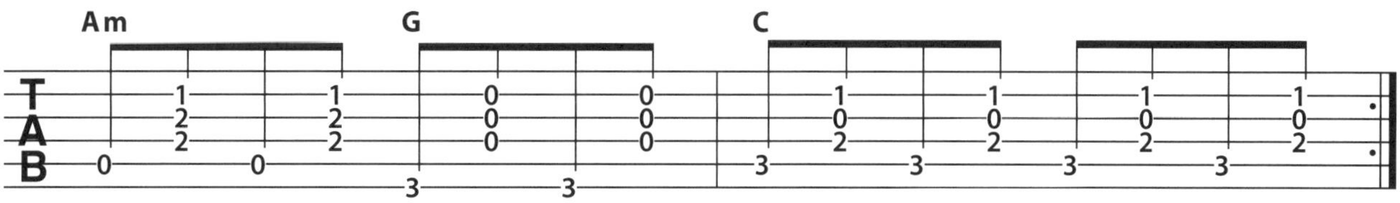

**Strophe (Fortsetzung), Bridge**

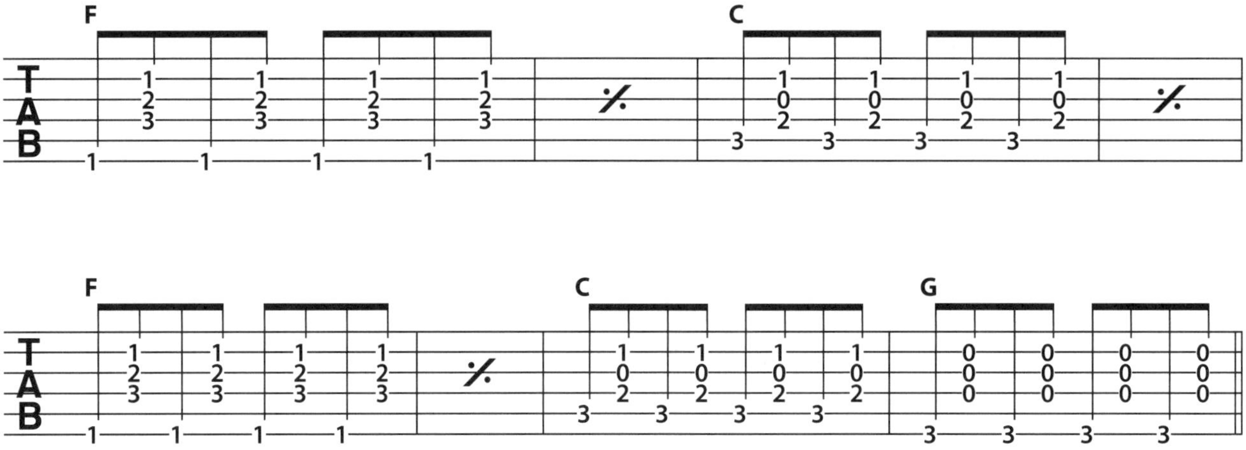


**Refrain**

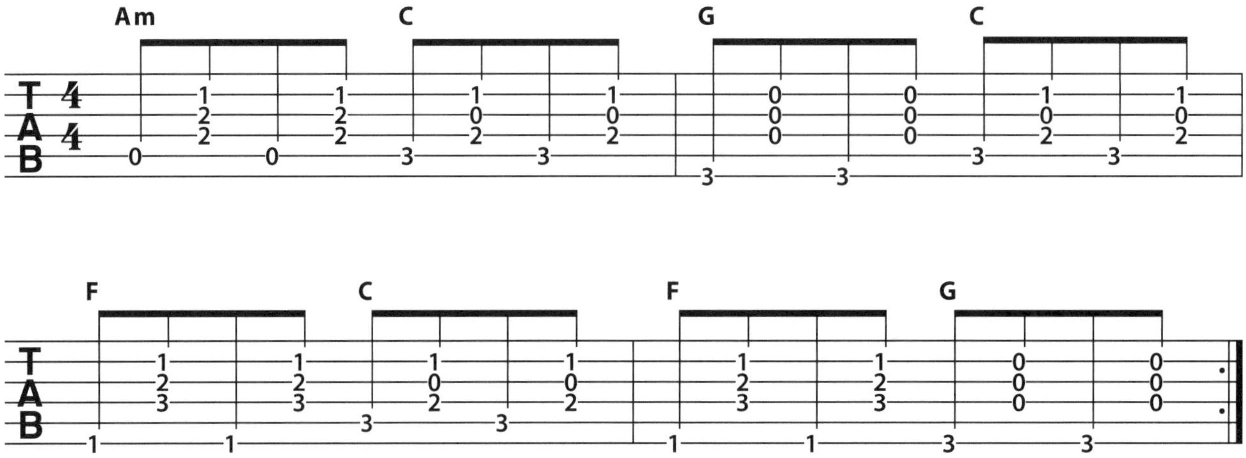


**Intro**

**F** *(Abschlag)* | | **C** **Csus4** | **C** **Csus4** | **C** **Csus4** | **C** **Csus4**
Do do do do do | do do do do do |

**Strophe 1**

| **C** | **F** **C**
I | wear a demeanor made of | bright pretty things.

| **Am** **G** | **C**
What she | wears, what she wears, what she | wears.

| | **F** **C**
Birds | singing on my shoulder in | harmony it seems.

| **Am** **G** | **C**
How they | sing, how they sing, how they | sing.

F
Give me nights of solitude, | red wine just a glass or two, |

C
reclined in a hammock on a | balmy evening. |

F
I'll pretend that it's no thing that's | skipping my heart when I think |

C G
of you thinking of me babe I'm | crazy over |

**Refrain**

Am C | G C | F C | F G
you. Aah____ | _____, there's | something in the water, | something in the water. |

Am C | G C | F C | F G
Aah____ | _____, there's | something in the water, that | makes me love you like. |

**Strophe 2**

C | F C
I've got | halos made of summer, | rhythms made of spring.

Am G | C
What she | wears, what she wears, what she | wears.

| F C | Am G | C
I got | crowns of words a woven each | one a song to sing. Oh I | sing, oh I sing, oh I | sing. |

F
Give me long days in the sun, | preludes to the nights to come, |

C
babies of the mornings laying | in all lazy. |

F
Give me something fun to do | like a life of loving you, |

C | G
kiss me quick now baby I'm still | crazy over |

**Refrain**

Am C | G C | F C | F G
you. Aah____ | _____, there's | something in the water, | something in the water. | ...

**Bridge**

| F | | C | F | | C | G
I | do. | Ooh____ | ooh, | ooh____ | oh, | ooh____ | __, | ooh_ | ___. |

*(Akkorde nur 1x spielen)*

F | | C |
Give me nights of soli- | tude, | red wine just a glass or | two, |

F | | C | G
give me something fun to | do. | | |

**Refrain** *(mit Stopps)*

Am C | G C | F C | F G
Aah____ | _____, there's | something in the water, | something in the water. | ...

**Refrain** *(im Rhythmus)*

Am C | G C | F C | F G
Aah____ | _____, there's | something in the water, | something in the water. | ...

**Ending**

| F *(Abschlag)* | | C *(Abschlag)*
I | do do do do do | do do do do do. |

# Song For Sophie (I Hope She Flies) Aura Dione

CD2 Track 09



**Musik und Text: Kenneth Bager / Thomas Trölsen / Maria Jönsen**

## Akkorde (Kapodaster 3. Bund)

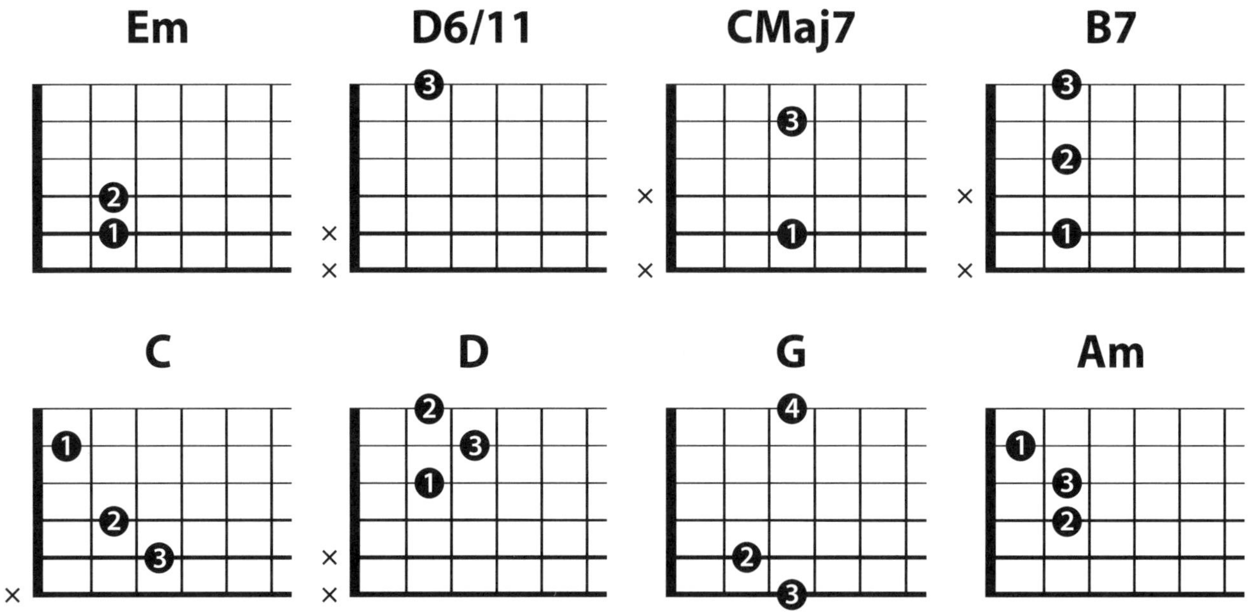


## Picking-Muster

### Intro / Strophe

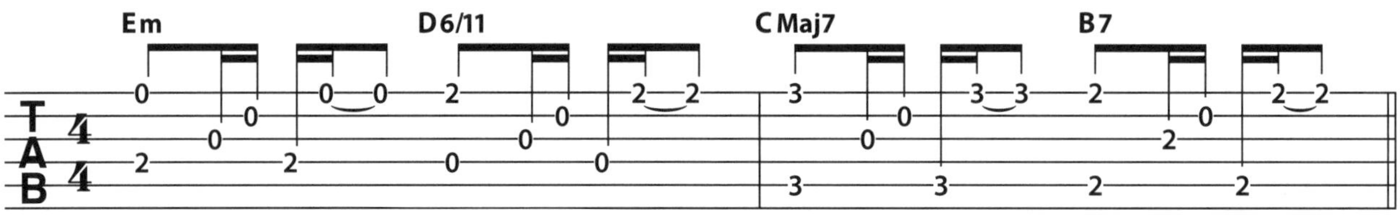


a i m p a a i m p a
p p

Zähle: 1 e + e 2 e + e 3 e + e 4 e + e 1 e + e 2 e + e 3 e + e 4 e + e

## Begleit-Rhythmus

### Bridge, Refrain, Ending

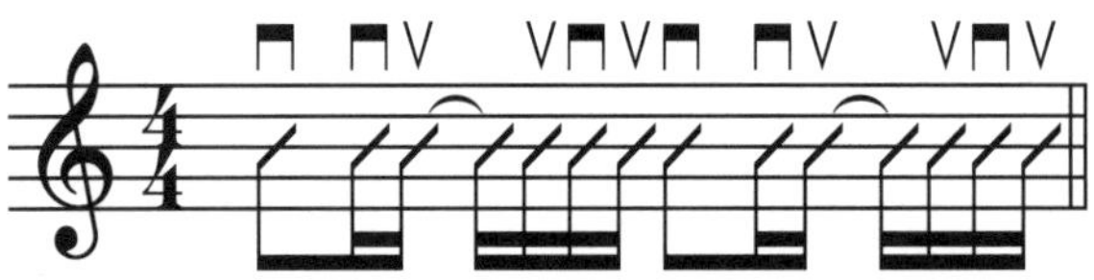

Zähle: 1 e + e 2 e + e 3 e + e 4 e + e

### Interlude

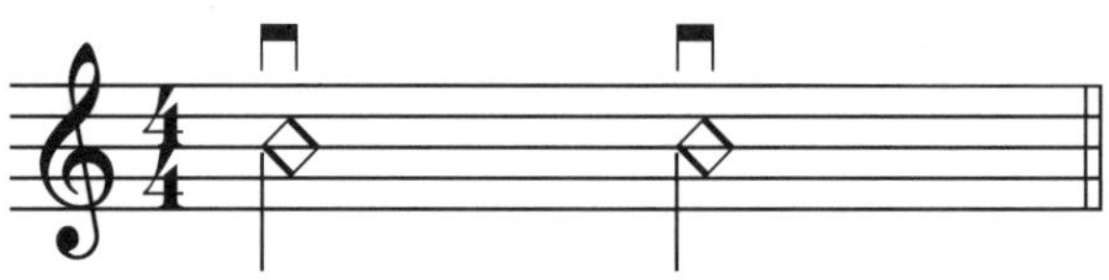

Zähle: 1 2 3 4

**Intro**

Em D6/11 | CMaj7 B7 |

**Strophe 1**

Em D6/11 | CMaj7 B7 | Em D6/11 | CMaj7 B7 |
This is a song for a girl called | Sophie. | Used to write her name on my | arm.

Em D6/11 | CMaj7 B7 | Em D6/11 | CMaj7 B7
Time has made us | strangers. | And I don't know her any- | more.

**Bridge**

| C | D | C | D
But I | really hope she's | made it. That | someone took her | home.

| C | D | C | D | *(Stopp!)*
She was | lost but wasn't | missing. She would | always walk a- | lone. |

**Refrain**

| G D | C D | G D | C
She was always like a | feather, in the | air. I never knew she was | flying or fal- | ling.

D | G D | C D
She was always like a | feather, in my | life.

| G D | C D | G D | C D *(Abschlag)*
I hope she | flies, I hope she | flies, I hope she | flies, I hope she | flies. |

**Strophe 2**

Em D6/11 | CMaj7 B7 |
Because of her, I look for things that | last. |

Em D6/11 | CMaj7 B7 | Em D6/11 | CMaj7 B7 |
I have a chain, where is your | arm? | A promise can be | broken, |

Em D6/11 | CMaj7 B7
I won't hunt you any- | more, no, no, no.

**Bridge**

| C | D | C | D
But I | really hope she's | made it. That | someone took her | home.

| C | D | C | D | *(Stopp!)*
She was | lost but wasn't | missing. She would | always walk a- | lone. |

**Refrain**

| G D | C D | G D | C
She was always like a | feather, in the | air. I never knew she was | flying or fal- | ling.

D | G D | C D | G D
She was always like a | feather, in my | life. I hope she | flies.

| C D | G D
Shalala | la-lala lala lala | la la.

| G D | C D | G D | C *(Abschlag)* D *(Abschlag)*
I hope she | flies, I hope she | flies, I hope she | flies, I hope she | flies.

**Interlude**

| C D | G D | C D | G D
Shalala | la-lala lala lala | la la. Shalala | la-lala lala lala | la la.

| C D | G D | C D | G D
Shalala | la-lala lala lala | la la. Shalala | la-lala lala lala | la la.

| G *(Stopp!)*
I hope she | flies,

**Ending**

| Am | D | Am | D
She was always like a | feather, in the | air. I never knew she was | flying or fal- | ling.

| Em C | Am D | Em C | Am D
She was always like a | feather, in my | life. I hope she | flies, I hope she | flies,

| Em C | Am D | Em C
I hope she | flies, I hope she | flies, I hope she | flies.

| Am D | G
Shalala | la-lala lala lala | la la.

# Stay The Night James Blunt

CD2 Track 10



**Musik und Text: Bob Marley / Steve Robson / James Blunt / Ryan Tedder**

## Akkorde

D

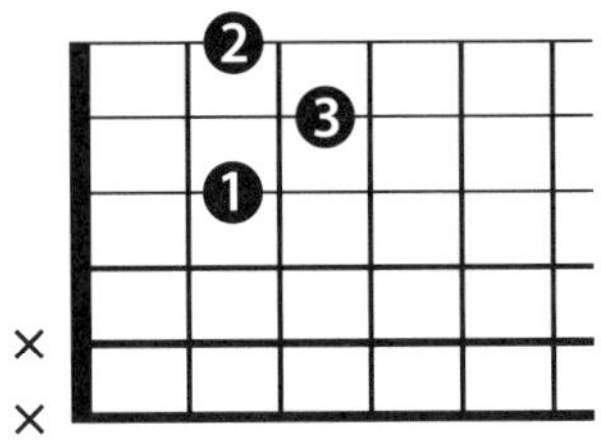

A

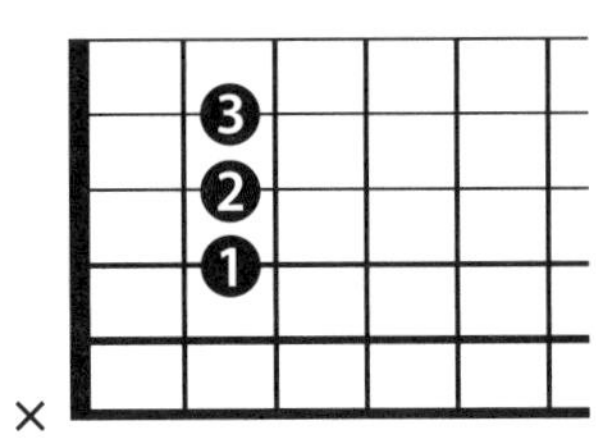

Bm

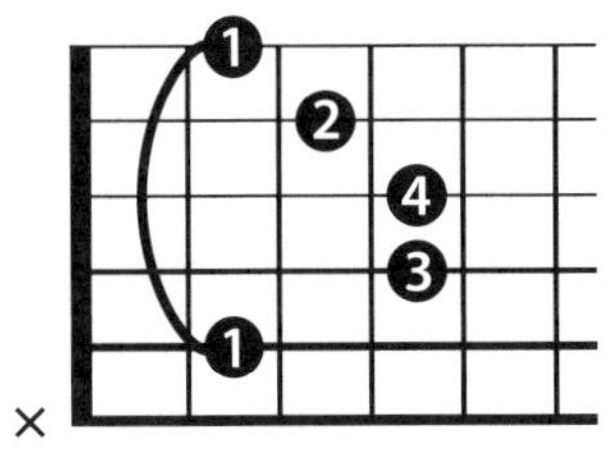

G

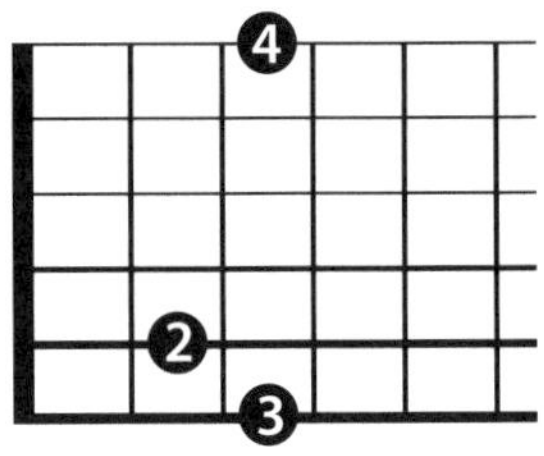

E

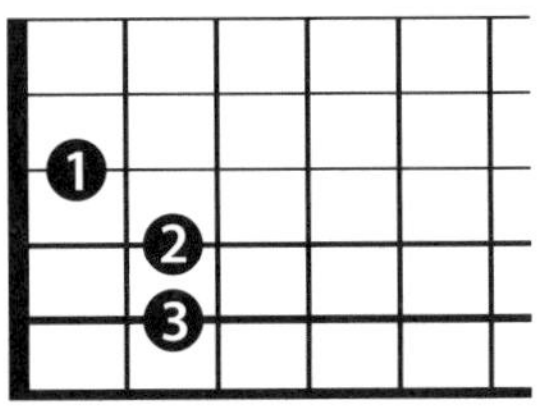

Em

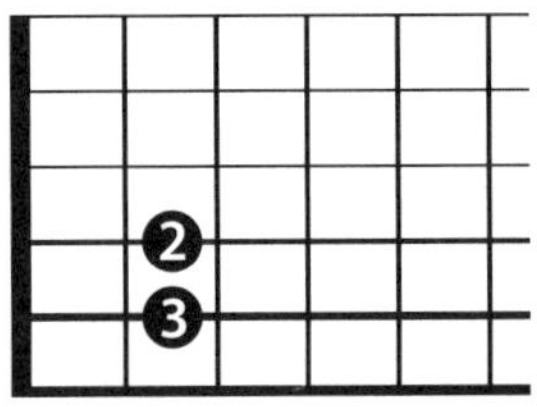

## Begleit-Rhythmus

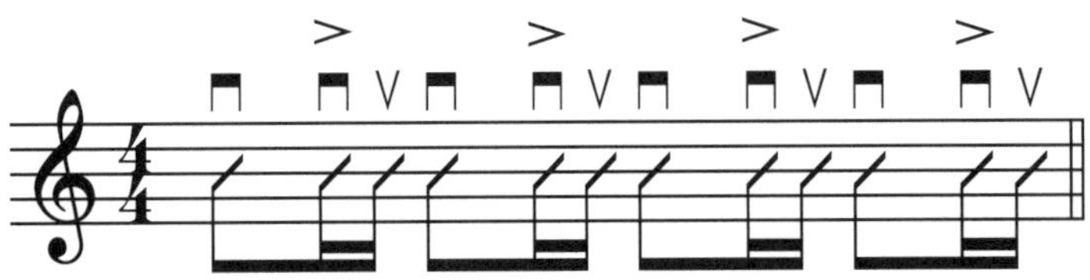

Zähle: 1 e + e 2 e + e 3 e + e 4 e + e

***Tipp!** Zu Beginn der Strophen und der Bridge wird jeder Akkord nur einmal angeschlagen.*

**Intro**

| D | A | Bm | G | D | A | Bm | G |
|---|---|---|---|---|---|---|---|
| | | | | Ooooo- | ooh, Ooooo- | ooh, Oooo- | ooh, yeah! |

**Strophe 1**

| A | Bm | G | D A | A |
|---|---|---|---|---|
| It's seventy-two de- | grees, zero chance of | rain. It's been a perfect | day. | |

| | Bm | G | D A |
|---|---|---|---|
| We're all spinning on our | heels, so far away from | real in Californi- | a. |

| E | G |
|---|---|
| We watched the sunset from our | car, we all took it in. |

| Em | G A |
|---|---|
| And by the time that it was | dark, you and me had something, yeah. |

**Refrain**

```
D                         A                        Bm
  And if this is what we've got, then what we've got is gold.
                          G
We're shining bright and I want you, I want you to know.
D                   A                          Bm
  The morning's on its way, our friends all say good- bye.
                        G                  (Stopp!)        D
There's nowhere else to go, I hope that you'll      stay the night.
     A                     Bm          G
Oh__ __, you'll stay the night, Oh__ __, yeah.
```

**Strophe 2**

```
A                        Bm                       G
  We've been singing Billie Jean, mixin' vodka with caf- feine
                           D  A A                      Bm
We've got strangers stopping by.    And though you're out of tune.
                          G                        D               A
Girl you blow my mind, you do. And all I say is I don't wanna say good night.
E                         G
  If there's no quiet corner  to get to know each other,
Em                             G             A
  Then there's no hurry I'm a patient man as y'all discover.
```

**Refrain**

```
D                            A                        Bm
  'Cause if this is what we've got, then what we've got is gold.
                          G
We're shining bright and I want you, I want you to know.
D                   A                          Bm
  The morning's on its way, our friends all say good- bye.
                        G                  (Stopp!)        D
There's nowhere else to go, I hope that you'll      stay the night.
      A                       Bm             G
Oooo- ooh, you'll stay the night, Oooo- ooh, yeah.
```

**Bridge**
*(nur Abschläge)*

```
E G            D    A       Bm           E G            D     A       Bm
   Just like the song on our radio set.     We'll share the shelter of my single bed.
E G          D       A         Bm     A   G (im Rhythmus)  A
   But it's a different tune that's stuck in my head. And it    goes:
```

**Refrain (2x)**
*(1. Mal nur Abschläge)*

```
D                     A                        Bm
  If this is what we've got, then what we've got is gold.
                          G
We're shining bright and I want you, I want you to know.
```

*(normaler Rhythmus)*

```
D                   A                          Bm
  The morning's on its way, our friends all say good- bye.
                        G                          D
There's nowhere else to go, I hope that you'll stay the night.
```

# **Still** Jupiter Jones

CD2 Track 11



**Musik: Sascha Eigner**
**Text: Nicholas Müller**

## Akkorde

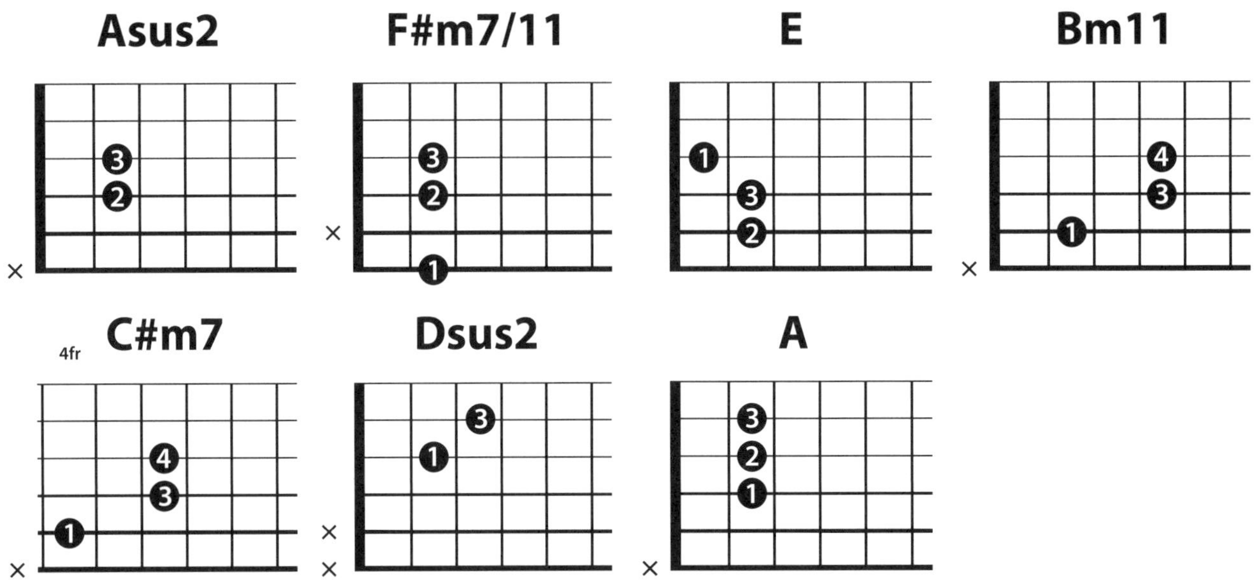


## Tabulatur

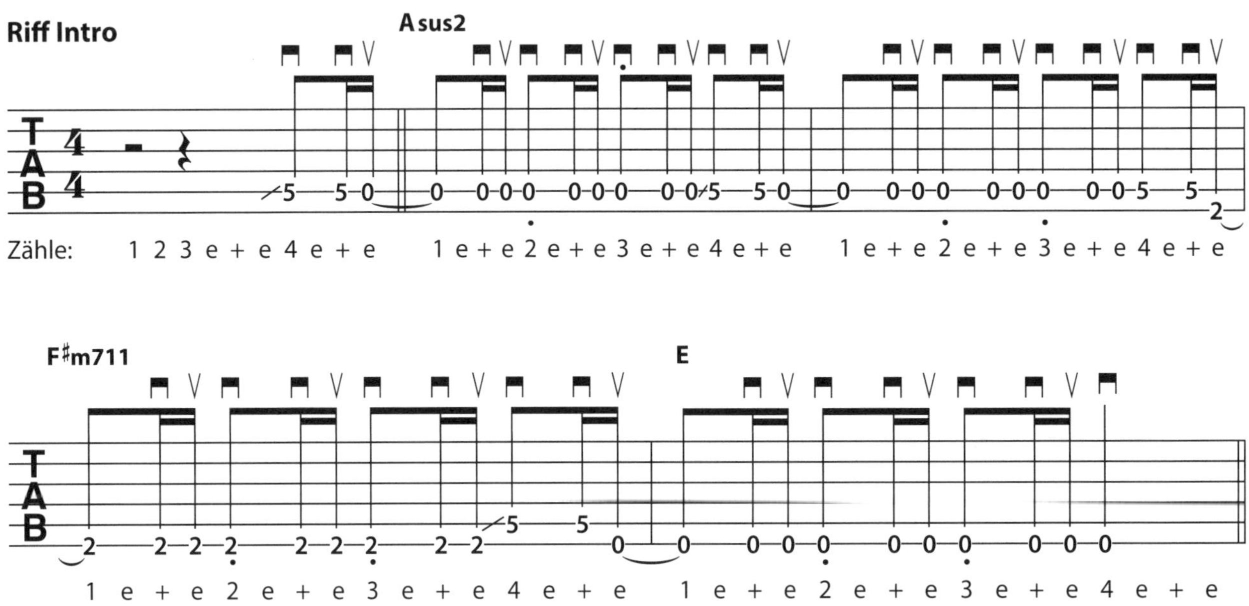


## Begleit-Rhythmus

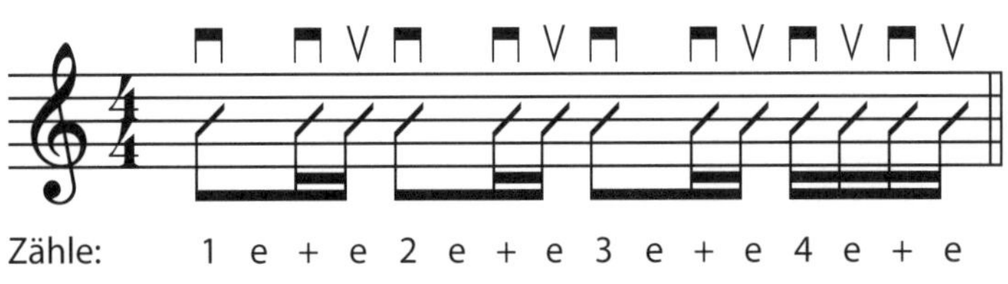


**Strophe 3**

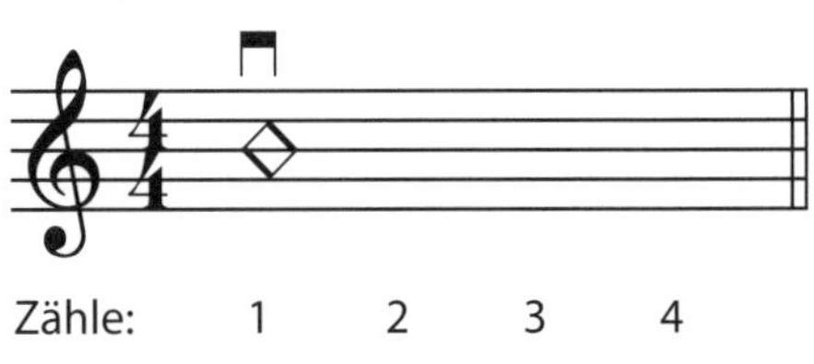

**Intro** (Riff)

| Asus2 | F#m7/11 | Esus4 |

**Strophe 1**

Asus2 | F#m7/11
So still, dass | jeder von uns wusste, das hier | ist, für immer,

E | Asus2
für | immer und ein Leben. Und es | war so still, dass | jeder von uns ahnte,

F#m7/11 | E | Asus2
hierfür | gibt's kein Wort, das | jemals das Gefühl beschreiben | kann.

F#m7/11
So still, dass | alle Uhren schwiegen, ja, die | Zeit kam zum Erliegen,

E | F#m7/11 | Bm11 C#m7 | Dsus2
so | still und so verloren gingst du | fort, so | still und so verloren gingst du | fort.

**Refrain**

A | E C#m7 | A
Ich hab so viel ge- | hört und doch kommt's niemals bei mir | an,

E C#m7 | A
das ist der Grund, wa- | rum ich nachts nicht schlafen | kann,

E C#m7 | Dsus2
wenn ich auch tausend | Lieder vom Vermissen | schreib, heißt das noch nicht,

2/4 | 4/4 E C#m7 | Asus2
dass | ich versteh, wa- | rum dieses Gefühl für immer | bleibt.

**Interlude**

| |

**Strophe 2**

Asus2 | F#m7/11 | E
So laut, die | Stunden nach dem Aufschlag als es | galt, das alles zu er- | fassen

Asus2
und verstehen und es | war so laut, dass | alles was wir dachten,

F#m7/11 | E | F#m7/11
nichts als | Leere zu uns brachte, so | laut und so verloren war es | hier,

Bm11 C#m7 | Dsus2
als | Stille bei uns wohnte anstatt | Dir.

**Refrain**

A | E C#m7 | A
Ich hab so viel ge- | hört und doch kommt's niemals bei mir | an, ...

**Interlude**

Asus2 | F#m7/11 | E |

**Strophe 3**

Asus2 | F#m7/11
So still, ob- | wohl ich dich mit jedem Tag ver- | miss,

E | F#m7/11
und | wo immer du auch gerade | bist, du zeigst mir,

Bm11 C#m7 | Dsus2
dass | Stille jetzt dein Freund geworden | ist.

**Refrain (2x)**

A | E C#m7 | A
Ich hab so viel ge- | hört und doch kommt's niemals bei mir | an, ...

**Ending**

A

# Stop And Stare OneRepublic

CD2 Track 12



**Musik und Text: Eddie Fisher / Ryan Tedder / Andrew Brown / Tim Myers / Zachary Filkins**

## Akkorde

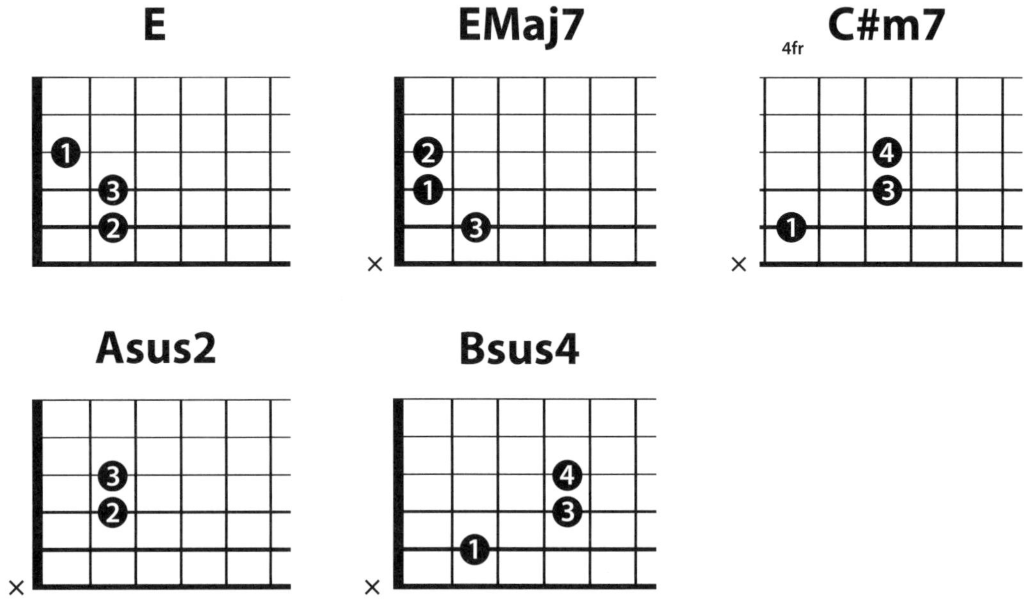


## Begleit-Rhythmus

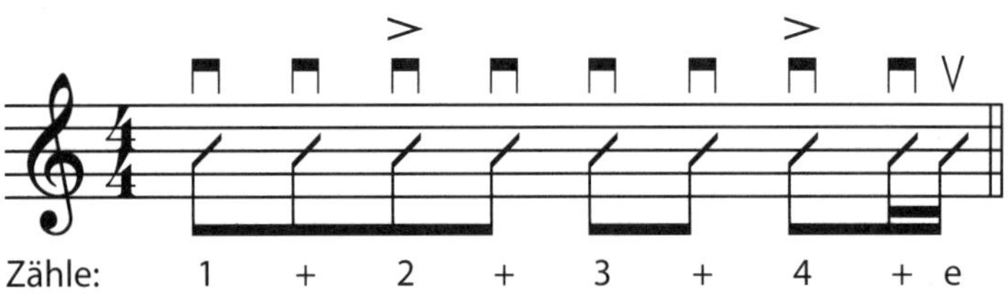

**Intro** E | EMaj7 |

**Strophe 1**

E
This town is colder now, | I think it's sick of us. |

EMaj7
It's time to make our move, | I'm shakin off the rust. |

E | EMaj7
I've got my heart set | on anywhere, but here | I'm staring down my- | self,

C#m7 | Asus2
counting up the | years. Steady | hands, just take the | wheel.

C#m7 | Asus2
Every | glance is killing | me. Time to | make one last ap- | peal, for the | life I lead. |

**Refrain**

E | Bsus4
Stop and stare. | I think I'm moving but I | go nowhere. |

C#m7 | Asus2
Yeah, I know that every- | one gets scared. | But I become what I | can't be, | oh. |

E | Bsus4
Stop and stare. | You start to wonder why you're | here, not there. |

C#m7
And you'd give anything to | get what's fair. |

Asus2 | E
But fair ain't what you real- | ly need. | Oh, can you see what I | see? | |

**Strophe 2**

E | EMaj7
They're tryin to come back, | all my senses push. | Untie the weight bags, |

C#m7 | Asus2
I never thought I | could. Steady | feet, don't fail me | now.

C#m7 | Asus2
Gonna | run till you can't | walk. Something | pulls my focus | out. And I'm | standing down. |

**Refrain**

E | Bsus4
Stop and stare. | I think I'm moving but I | go nowhere. |

C#m7 | Asus2
Yeah, I know that every- | one gets scared. | But I become what I | can't be, | oh. |

E | Bsus4
Stop and stare. | You start to wonder why you're | here, not there. |

C#m7
And you'd give anything to | get what's fair. |

Asus2 | E
But fair ain't what you real- | ly need. | Oh, you do | need. |

Bsus4 | C#m7 | Asus2
Oh_ | ______ | __, oh | ___, | oh, | oh. What you | need, what you need, what you need. |

**Ending**

E | Bsus4
Stop and stare. | I think I'm moving but I | go nowhere. |

C#m7 | Asus2
Yeah, I know that every- | one gets scared. | I become what I | can't be, oh. |

E
Till you see what I | see?

# Summer Of '69 Bryan Adams

CD2 Track 13



**Musik und Text: Bryan Adams / Jim Vallance**

## Akkorde

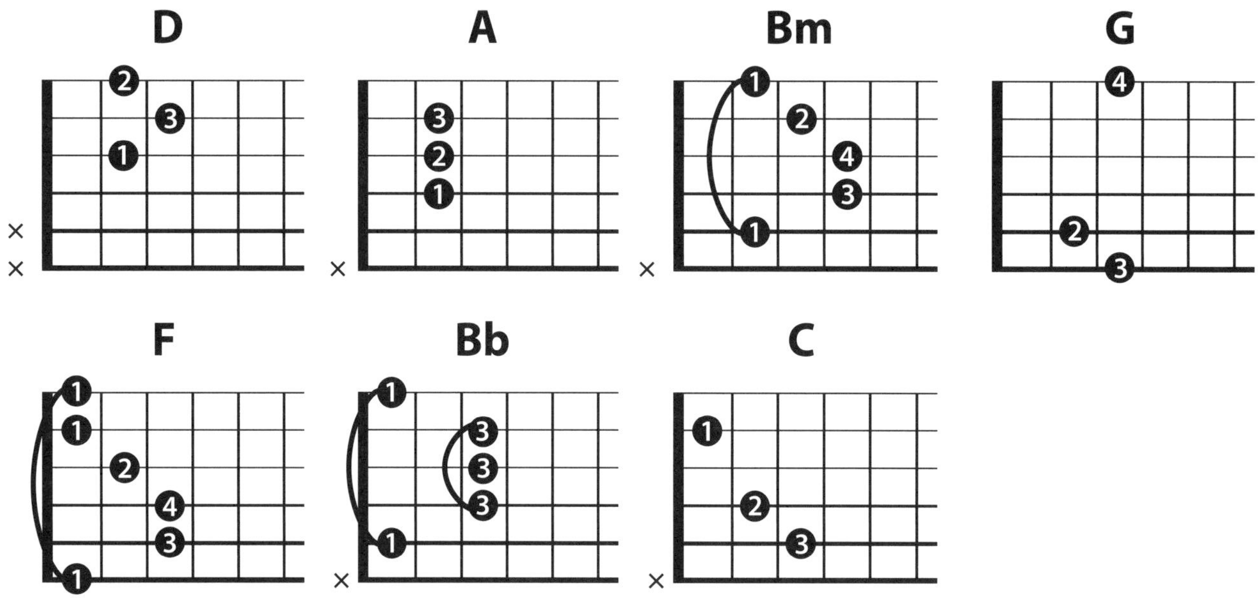


## Picking-Muster

**Intro, Strophe, Interlude, Refrain 1 (nur am Ende), Ending**

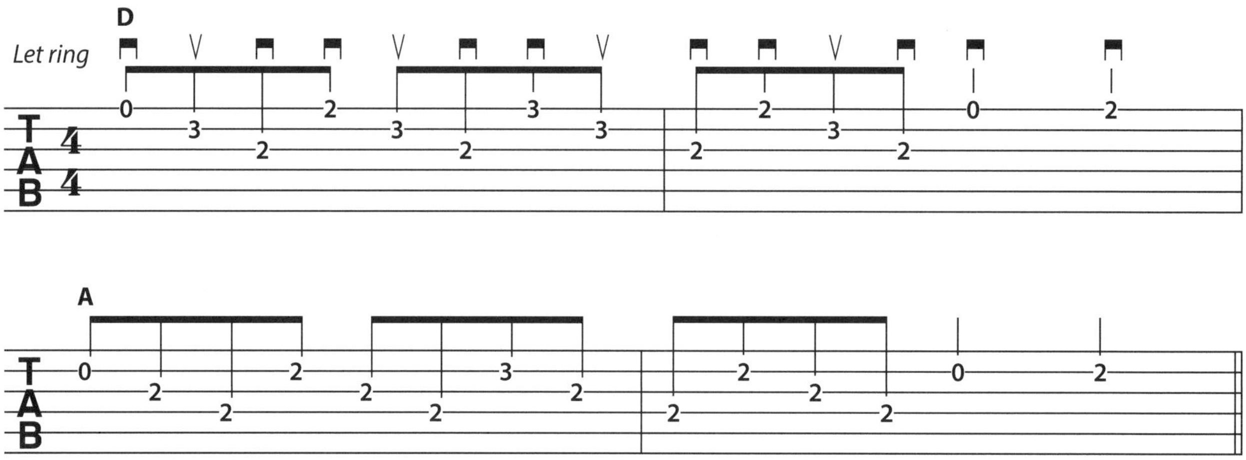


## Begleit-Rhythmus

**Refrain, Bridge**

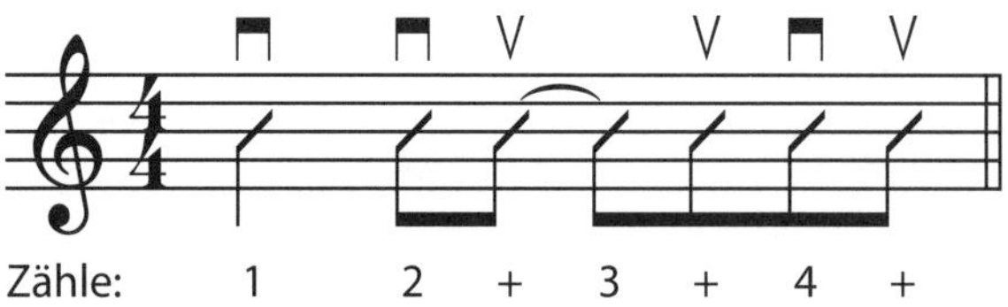

**Intro** | D | A | D | A |

**Strophe 1**
D
I got my | first real six-string, | A bought it at the | five-and-dime. |
D
Played it till my | fingers bled, | A it was the summer of | sixty-nine. |
D
Me and some | guys from school | A had a band and we | tried real hard. |
D
Jimmy quit and | Jody got married. | A I shoulda known we'd | never get far. |

**Refrain 1**
Bm Oh when I | A look back now, | D that summer seemed to | G last forever. |
Bm And if I | A had the choice, | D ya, I'd always | G wanna be there. |
Bm Those were the | A *(Abschlag)* best days of my | D life! | | A | |

**Strophe 2**
D
Ain't no use in | complainin', | A when you got a job | to do. |
D
Spent my evenings | down at the drive-in, | A and that's when I | met you. |

**Refrain 2**
Bm Standin' on your | A mama's porch, | D you told me that you'd | G wait forever. |
Bm Oh, and when you | A held my hand | D I knew that it was | G now or never. |
Bm Those were the | A *(Abschlag)* best days of my | D life! |

**Interlude**
Oh | A yeah! | Back in the summer of | D sixty-nine. | | A Oh.__ | |

**Bridge**
F Man we were | Bb killin' time, we were | C young and restless.
We | Bb needed to unwind. | F I guess | Bb nothing can last for- | C ever, for- | ever, no. |

**Interlude** | D | A | D | A |

**Strophe 3**
D
And now the times are | changin'. | A Look at everything that's | come and gone! |
D
Sometimes when I play | my old six-string, | A I think about you wonder | what went wrong. |

**Refrain 1**
Bm Standin' on your | A mama's porch, | D you told me that it'd | G last forever. | ...
Bm ... Those were the | A *(Abschlag)* best days of my | D life! | Oh | A yeah! | Back in the summer of | D sixty-nine. |

**Ending**
Oh | A yeah! | Back in the summer of | D sixty-nine. | | A | D | A | D

## Summertime Sadness Lana Del Rey

CD2 Track 14



**Musik und Text: Elizabeth Grant / Richard Nowels**

### Akkorde (Kapodaster 4. Bund)

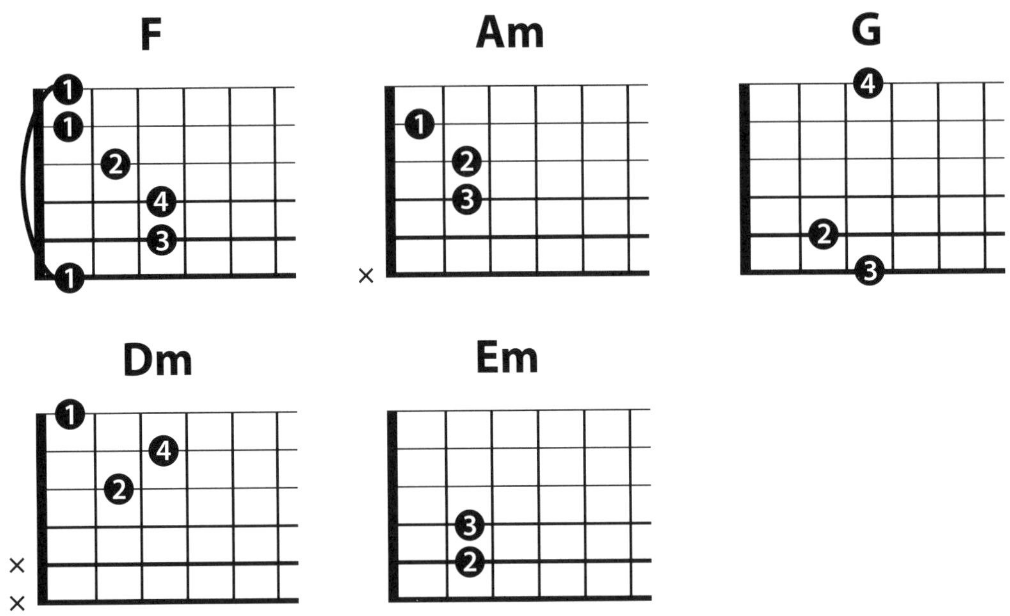


### Begleit-Rhythmus

**Intro, 2. Hälfte Bridge**

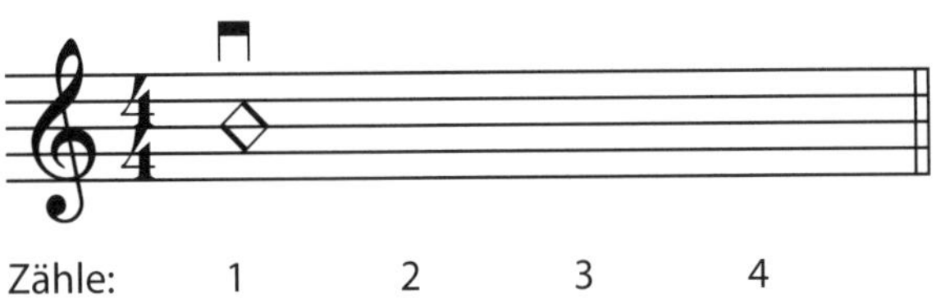


**Strophe, Refrain, 1. Hälfte Bridge**

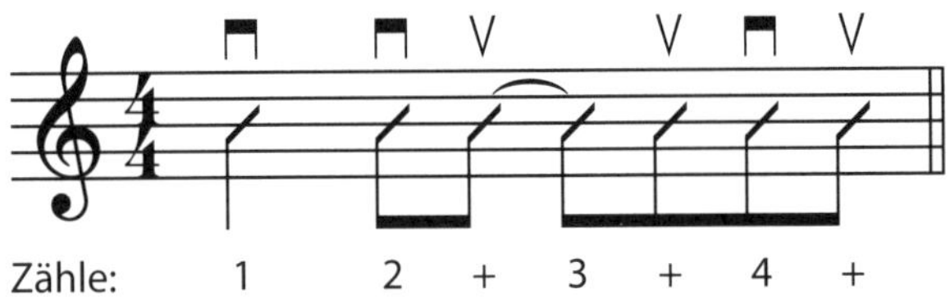

**Intro** | F | Am G | Dm F | Am G | Dm |

F / Am G / Dm
Kiss me hard before you | go, | summertime sad- | ness.

F / Am / G / Dm
I just wanted you to | know, that | baby you're the | best.

**Strophe 1**

F / Am / G / Dm
I got my | red dress on to- | night, dancing in the | dark in the pale moon- | light.

F / Am / G / Dm
Got my hair up | real big beauty queen | style, high-heels | off, I'm feeling a- | live.

F / Am / G / Dm
Oh, my God, I | feel it in the air. Telephone | wires above are | sizzlin' like a snail.

F / Am / G / Dm
Honey, | I'm on fire, I | feel it everywhere, nothing | scares me any- | more. Two, three, four.

**Refrain**

F / Am G / Dm
Kiss me hard before you | go, | summertime sad- | ness.

F / Am / G / Dm
I just wanted you to | know, that | baby you're the | best.

F / Am / G / Dm
I've got that summertime, | summertime sadness, | s-s-summertime, | summertime sadness.

F / Am / G / Dm
Got that summertime, | summertime sadness, | oh, ooh- | oh.

**Strophe 2**

F / Am / G / Dm
I'm feelin' | electric to- | night, cruising down the | coast goin' 'bout ninety- | nine.

F / Am / G / Dm
Got my bad | baby by my heavenly | side, I know if I | go, I'll die happy to- | night.

F / Am / G / Dm
Oh, my God, I | feel it in the air. Telephone | wires above are | sizzlin' like a snail.

F / Am / G / Dm
Honey, | I'm on fire, I | feel it everywhere, nothing | scares me any- | more. Two, three, four.

**Refrain**

F / Am G / Dm
Kiss me hard before you | go, | summertime sad- | ness. | ...

**Bridge**

Em / Am / F / Dm
Think I'll miss you fore- | ver, like the | stars miss the sun in the | morning sky.

Em / Am / F / G
Late is better than ne- | ver, even | if you're gone I'm gonna | drive, | drive, | drive.

F / Am / G / Dm
I've got that summertime, | summertime sadness, | s-s-summertime, | summertime sadness.

F / Am / G / Dm
Got that summertime, | summertime sadness, | oh, ooh- | oh.

**Refrain**

F / Am G / Dm
Kiss me hard before you | go, | summertime sad- | ness. | ...

**Ending** Dm

# The A Team Ed Sheeran

CD2 Track 15



**Musik und Text: Ed Sheeran**

## Akkorde (Kapodaster 2. Bund)

G

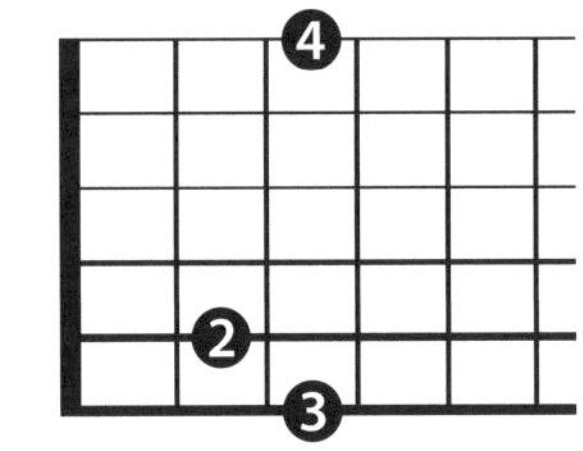

D/F#

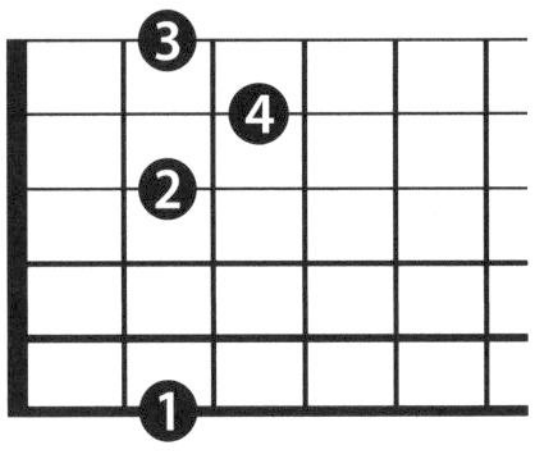

Em

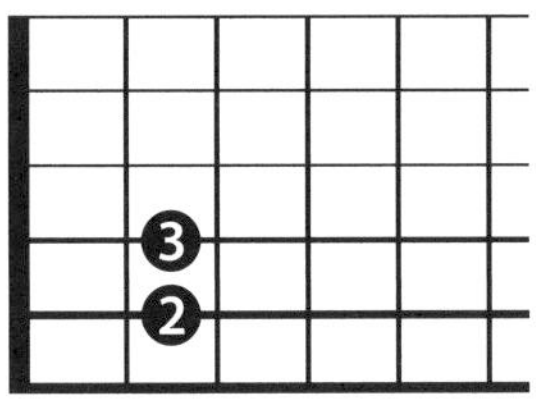

C

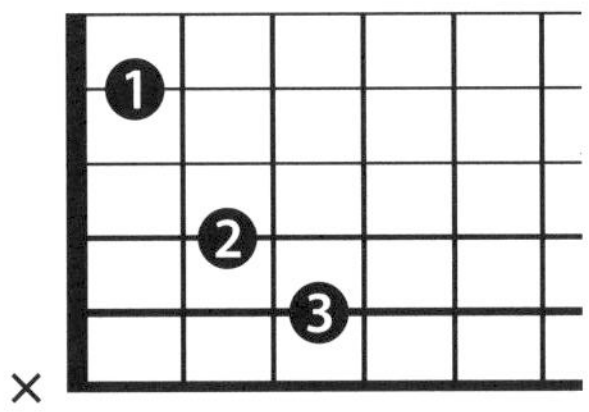

Am7

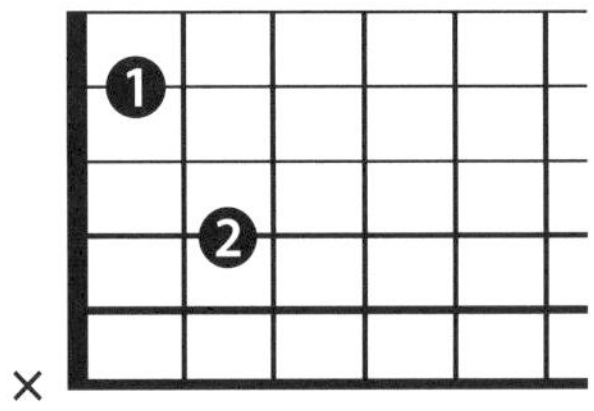

## Begleit-Rhythmus

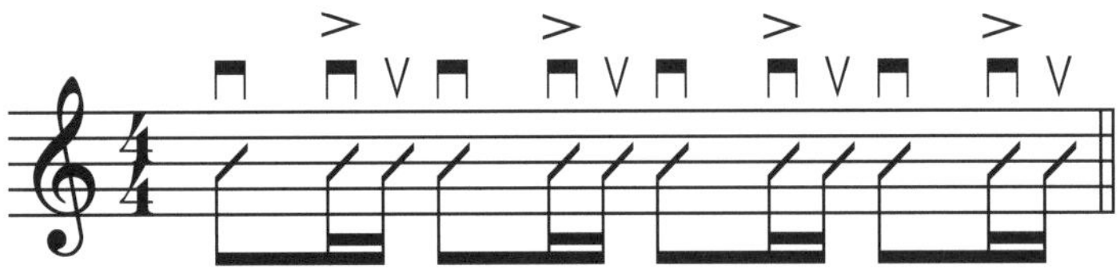

Zähle: 1 e + e 2 e + e 3 e + e 4 e + e

***Tipp!*** *Dämpfe die Saiten leicht mit der Anschlaghand ab.*

**Intro**

**G** | **D/F#** | **Em C** | **G** |

**Strophe 1**

White lips, pale | face, breathing in snow- **D/F#** | **Em** flakes, burnt lungs, sour **C** | **G** taste. |

Lights gone, days | end, struggling to pay **D/F#** | **Em** rent, long nights, strange **C** | **G** men.

**Refrain 1**

And | **Am7** they say, she's in the Class | **C** A Team, stuck in her | **G** daydream,

been this way since | **D/F#** eighteen, but lately her | **Am7** face seems slowly sinking, | **C** wasting,

crumbling like | **G** pastries, they scream, the | **D/F#** worst things in life come free to us.

| Em C | G
'Cause we're | just under the upperhand, | and go mad for a couple of grams. |

Em C | G | Em C |
And she don't want to go outside | tonight. And in a | pipe she flies to the Motherland, |

G | Em C |
or sells love to another man. | It's too cold__ outside, |

G D/F# | Em C | G | Em C | G |
for angels to | fly, | angels to | fly. | |

**Strophe 2**

| D/F# | Em C | G D/F# |
Ripped gloves, rain- | coat, tried to swim, stay a- | float, dry house, wet | clothes. |

G | D/F# | Em C | G
Loose change, bank | notes, weary-eyed, dry | throat, call girl, no | phone.

**Refrain 2**

| Am7 | C | G
And | they say, she's in the Class | A Team, stuck in her | daydream,

| D/F# | Am7 | C
been this way since | eighteen, but lately her | face seems slowly sinking, | wasting,

| G | D/F#
crumbling like | pastries, they scream, the | worst things in life come free to us.

| Em C | G
'Cause we're | just under the upperhand, | and go mad for a couple of grams. |

Em C | G | Em C |
And she don't want to go outside | tonight. And in a | pipe she flies to the Motherland, |

G | Em C |
and sells love to another man. | It's too cold__ outside, |

G D/F# | Am7 | C | Em
for angels to | fly, an angel will | die. Covered in | white, closed eye,

| G | Am7 | C | Em
and | hoping for a better life. | This time, we'll fade out | tonight, straight down the | line.

**Interlude**

Em C | G | Em C | G |

**Refrain 3**

| Am7 *(Abschlag)* | C *(Abschlag)* | G
And | they say, she's in the Class | A Team, stuck in her | daydream,

| D/F# | Am7 | C
been this way since | eightteen, but lately her | face seems slowly sinking, | wasting,

| G | D/F# |
crumbling like | pastries, they scream, the | worst things in life come free to us. And we're |

*(nur Abschläge)*

Em C | G |
all under the upperhand, | and go mad for a couple of grams. |

Em C | G | Em C |
And we don't want to go outside | tonight. And in a | pipe we fly to the Motherland, |

G | Em C | G D/F# |
and sell love to another man. | It's too cold__ outside, | for angels to |

*(normaler Rhythmus)*

Em C | G | Em C | G
fly, | angels to | fly. |

**Ending**

| Em C | G | Em C | G D/F# | G
To fly, | ___ fly, | ___ for angels to | fly, to fly, to | fly, angels to | die.

# The Lazy Song Bruno Mars

CD2 Track 16



**Musik und Text: Ari Levine / Philip Lawrence / Peter Hernandez / Keinan Abdi Warsame**

## Akkorde (Kapodaster 4. Bund)

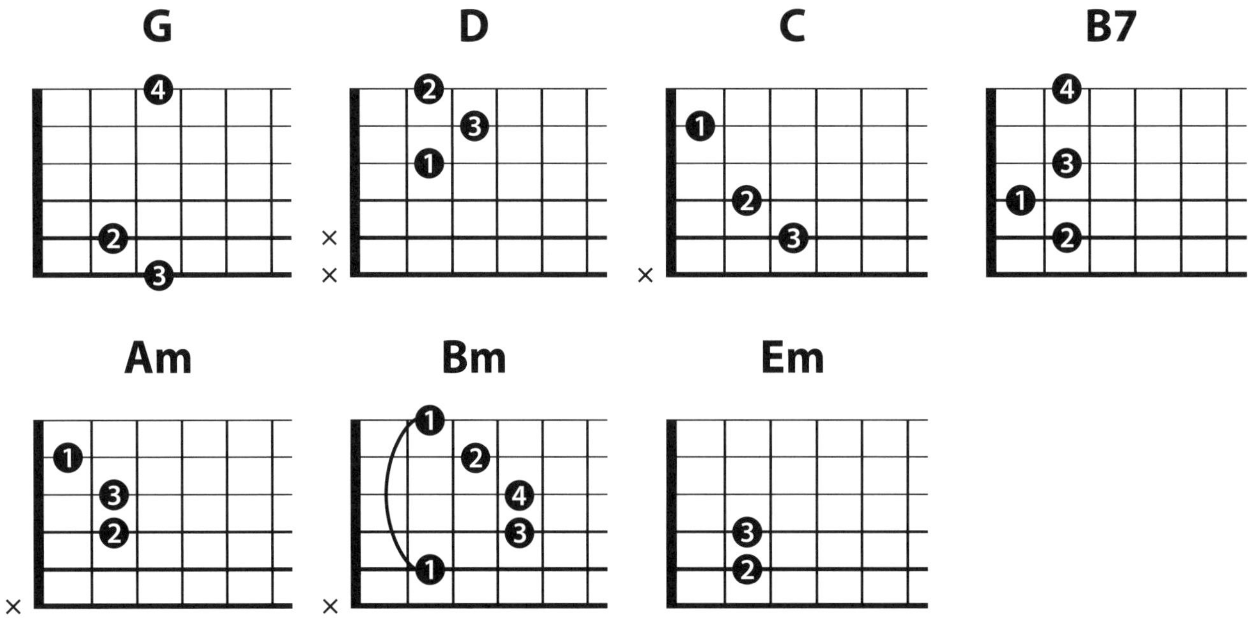


## Begleit-Rhythmus

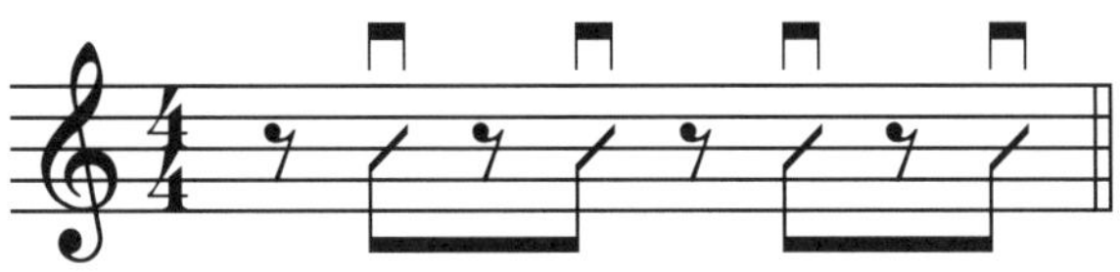

Zähle: 1 + 2 + 3 + 4 +

**Refrain**

G D C G D C
To- day I don't feel like doin' anything. I just wanna lay in my bed.

G D C
Don't feel like picking up my phone, so leave a message at the tone

G B7 C *(Stopp auf „3")*
'cause to- day I swear I'm not doin' anything.

**Strophe 1**

G D C
I'm gonna kick my feet up and stare at the fan. Turn the TV on throw my hand in my pants.

G D C G D
Nobody's gonn' tell me I can't, no. I'll be lounging on the couch just chillin in my snuggie.

C G D C
Click to MTV so they can teach me how to dougie, 'cause in my castle I'm the freak- in' man.

Am *(Abschlag)* Bm *(Abschlag)* C *(Abschlag)* D *(Abschlag)*
Oh yes I said it, I said it, I said it 'cause I can:

**Refrain**

G D C
To- day I don't feel like doin' anything. ...

**Interlude**

G D C
Nothing at all. Woohoo, woohoohoo, hoo, hoo.

G D C
Nothing at all. Woohoo, woohoohoo, hoo, hoo.

**Strophe 2**

G D C
Tomorrow I'll wake up do some p90x, meet a real nice girl, have some really nice sex.

G D C
And she's gonna scream out this is great. Yeeeah!

G D C
I might mess around and get my college degree, I bet my old man will be so proud of me.

G D C
But sorry pops you'll just have to wait.

Am *(Abschlag)* Bm *(Abschlag)* C *(Abschlag)* D *(Abschlag)*
Oh yes I said it, I said it, I said it 'cause I can:

**Refrain**

G D C
To- day I don't feel like doin' anything. ...

**Bridge**

Am D Em
No I ain't gonna comb my hair 'cause I ain't goin' anywhere.

Am D Em
No, no, no, no, no no-no, no-no, ooh.

Am D Em
I'll just strut in my birthday suit and let everything hang loose.

Am D Em *(Stopp auf „3")*
Yeah, yeah, yeah, yeah, yeah, yeah-yeah yeah-yeah yeah.

**Refrain**

G D C
To- day I don't feel like doin' anything. ...

**Ending**

G D C
Nothing at all. Woohoo, woohoohoo, hoo, hoo.

G D C
Nothing at all. Woohoo, woohoohoo, hoo, hoo. Nothing at all.

# This Is The Life Amy MacDonald

CD2 Track 17



**Musik und Text: Amy MacDonald**

## Akkorde

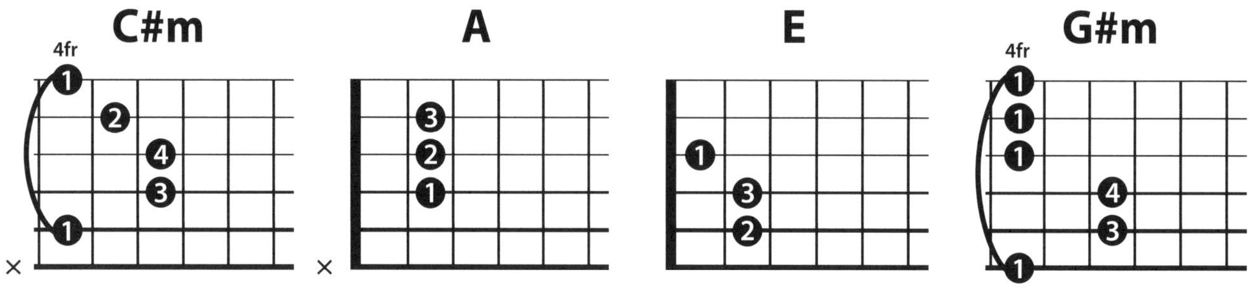


## Begleit-Rhythmus

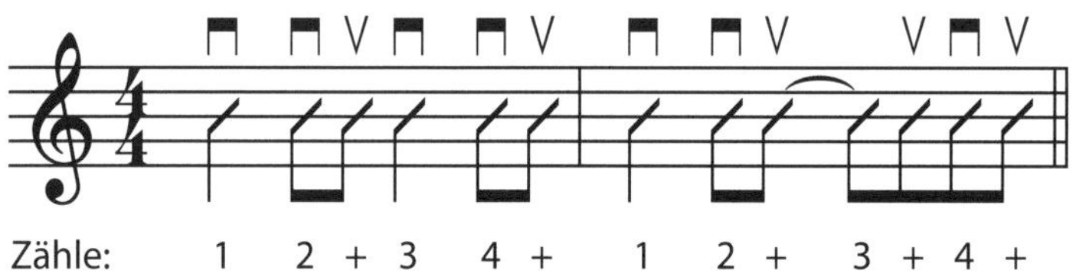


***Tipp!** In den ersten zwei Takten spielst du den Rhythmus, indem du die Saiten mit der Greifhand abdämpfst.*

**Intro** N.C. | C#m | A | E | G#m |

**Strophe 1**

Oh, the | **C#m** wind whistles | down, the | **A** cold dark street to- | night,

and the | **E** people they were | dancing, | **G#m** to the music | vibe.

And the | **C#m** boys chase the girls, with | curls in their hair,

while the | **A** shocked too many just sit | way over there,

and the | **E** songs they get louder, each | one better than be- | **G#m** fore. |

**Refrain 1**

C#m
And you're singing the | song, thinking this is the | life.

A
And you wake up in the | morning and your head feels twice the | size.

E G#m
Where you gonna go, | where you gonna go, | where you gonna sleep to- | night? |

C#m
And you're singing the | song, thinking this is the life. |

A
And you wake up in the | morning and your head feels twice the | size.

E G#m
Where you gonna go, | where you gonna go, | where you gonna sleep to- | night? |

C#m A E G#m
(Where you gonna sleep to- | night?) | | | | | | | |

**Strophe 2**

C#m
So you're | heading down the road in your | taxi for four,

A E
and you're | waiting outside | Jimmy's front door, but | nobody's in,

G#m C#m
and | nobody's home | till four. | So you're | sitting there with | nothing to do,

A E
talking a- | bout Robert Ragger and his | one leg crew, and | where you gonna go,

G#m
and | where you gonna sleep to- | night? |

**Refrain 1**

C#m
And you're singing the | song, thinking this is the life. | ...

**Refrain 2**
*(nur Abschläge)*

C#m
And you're singing the | song, thinking this is the life. |

A
And you wake up in the | morning and your head feels twice the | size.

E G#m
Where you gonna go, | where you gonna go, | where you gonna sleep to- | night? |

**Refrain 3 (3x)**
*(normaler Rhythmus)*

C#m
And you're singing the | song, thinking this is the life. |

A
And you wake up in the | morning and your head feels twice the | size.

E G#m
Where you gonna go, | where you gonna go, | where you gonna sleep to- | night? |

**Ending**

C#m
Where you gonna sleep to- | night?

# **Vom selben Stern** Ich + Ich

CD2 Track 18



**Musik: Annette Humpe / Flo Fischer / Sebastian Kirchner / Adel Tawil**
**Text: Annette Humpe**

## Akkorde (Kapodaster 1. Bund)

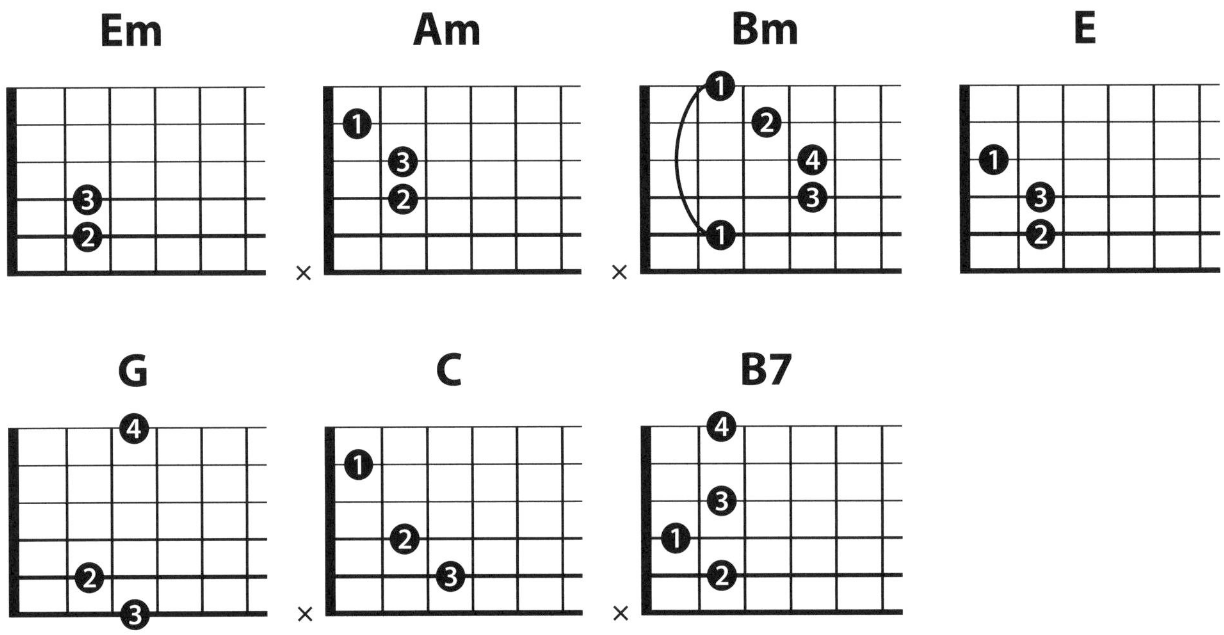


## Tabulatur

### Riff vor Refrain

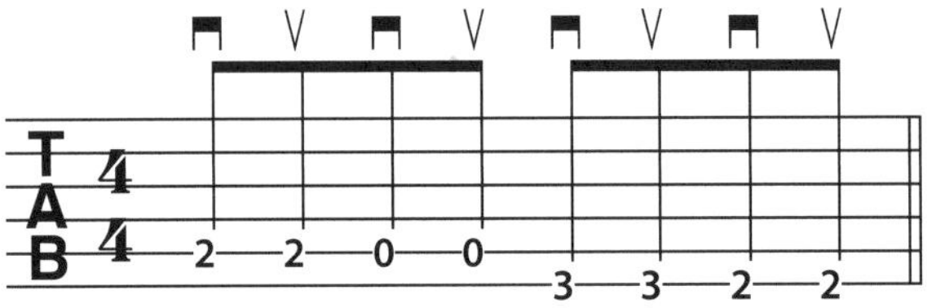


## Begleit-Rhythmus

### Intro, Strophe, Bridge und Interlude

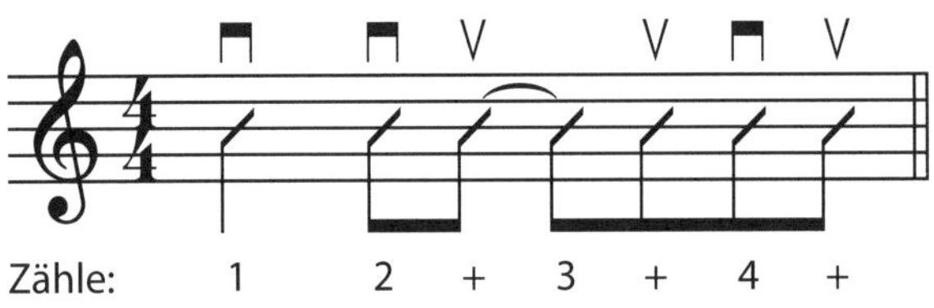


### Refrain

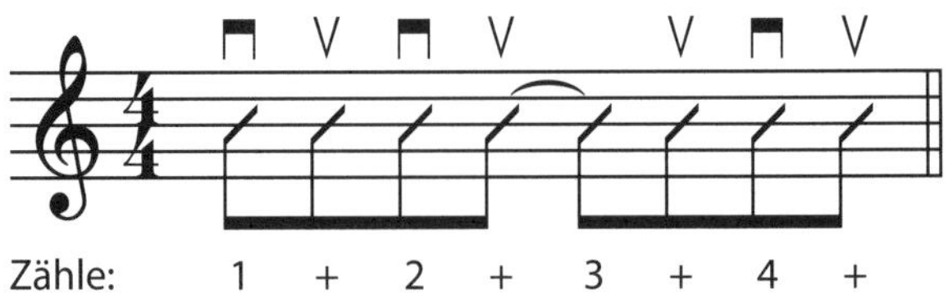

**Intro**

```
Em | | | Am | Em | |
```

**Strophe 1**

```
   Steh auf, | zieh dich an, | jetzt sind andre | Geister dran.
             Am                         Em
Ich nehm den | Schmerz von dir, | ich nehm den | Schmerz von dir. | |

   Fenster auf Mu- | sik ganz laut, | das letzte Eis ist | aufgetaut.
             Am                         Bm
Ich nehm den | Schmerz von dir, | ich nehm den | Schmerz von dir. | |
```

**Bridge**

```
E                                 G
   Wir alle sind aus | Sternenstaub, | in unsren Augen | warmer Glanz.
             C                             B7
Wir sind noch | immer nicht zer- | brochen wir sind | ganz. |
```

**Refrain**

```
              Em                       G
   Du bist vom | selben Stern, | ich kann deinen | Herzschlag hörn. |
              Bm                 D
   Du bist von | selben Stern, | wie | ich. |
                         Em                           G
   Weil dich die gleiche | Stimme lenkt, | und du am gleichen | Faden hängst. |
                 Bm                D
   Weil du das- | selbe denkst | wie | ich. | |
```

**Strophe 2**

```
Em
   Tanz durch dein Zimmer | heb mal ab, | tanz durch die Straßen | tanz durch die Stadt.
             Am                         Em
Ich nehm den | Schmerz von dir, | ich nehm den | Schmerz von dir. | |

   Lass uns zusammen unsre | Bahnen ziehn, | wir fliegen heute noch | über Berlin.
             Am                         Bm
Ich nehm den | Schmerz von dir, | ich nehm den | Schmerz von dir. | |
```

**Bridge**

```
E                                 G
   Wir alle sind aus | Sternenstaub, | in unsren Augen | warmer Glanz. ...
```

**Refrain**

```
              Em                       G
   Du bist vom | selben Stern, | ich kann deinen | Herzschlag hörn. | ...
```

**Interlude**

```
                Em                        Am    Em
   Ich nehm den | Schmerz von dir! | | | |    |
                                          Am    Bm
   Ich nehm den | Schmerz von dir! | | | |    |
```

**Refrain**

```
           Em                       G
Du bist vom | selben Stern, | ich kann deinen | Herzschlag hörn. | ...
```

**Ending**

```
Em
```

# When We Stand Together Nickelback

CD2 Track 19



**Musik und Text: Chad Kroeger / Michael Kroeger / Ryan Peake / Joey Moi**

## Akkorde (Kapodaster 1. Bund)

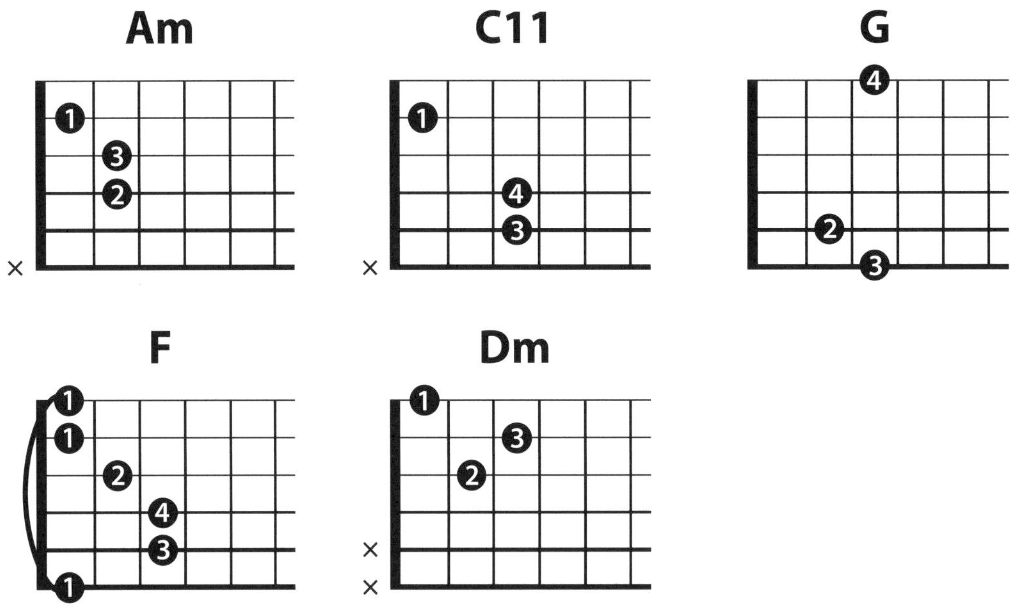


## Begleit-Rhythmus

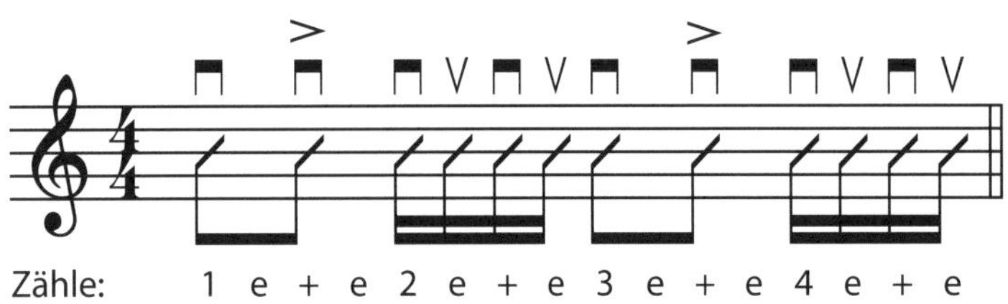


***Tipp!*** *In der Bridge gibt es einen perkussiven Teil. Hier spielst du den Begleit-Rhythmus weiter, dämpfst jedoch die Saiten mit der Greifhand ab.*

**Intro** | Am C11 | G | Am C11 | G |

**Strophe 1**

Am C11 | G
One more depending on a | prayer and we all look away. |

Am C11 | G
People pretending every- | where it's just another day. |

Am C11 | G
There's bullets flying through the | air and they still carry on. |

Am C11 | G
We watch it happen over | there and then just turn it off. |

**Refrain**

Am C11 | G | Am
Hey, yeah, yeah, hey, | yeah! We must stand to- | gether.

C11 | G | Am
(Hey), yeah, yeah, hey, | yeah! There's no giving- | in.

C11 | G | Am
(Hey), yeah, yeah, hey, | yeah! Hand in hand for- | ever.

C11 | G | Am
(Hey), yeah, yeah, hey, | yeah! That's when we | all win.

C11 | G
(Hey), yeah, yeah, hey, | yeah! That's, that's, that's when we all win. |

Am C11 | G | Am C11 | G |
That's, that's, that's when we all win.

**Strophe 2**

Am C11 | G
They tell us everything's al- | right and we just go along. |

Am C11 | G
How can we fall asleep at | night, when something's clearly wrong? |

Am C11 | G
When we could feed a starving | world with what we throw away. |

Am C11 | G
But all we serve are empty | words that always taste the same. |

**Refrain**

Am C11 | G
Hey, yeah, yeah, hey, | yeah! We must stand together. | ...

| G
... | That's, that's, that's when we all win. |

**Bridge**

F | Dm | Am
The right thing to | guide us is right here, in- | side us.

| G | F
No one can di- | vide us when the light is nearly | gone.

| G *(Stopp!)* | N.C.
But just like a | heartbeat the drumbeat carries | on. |

| | *(Stopp!)* | 2/4
And the drumbeat carries | on. | |

**Refrain**

4/4 Am C11 | G
Hey, yeah, yeah, hey, | yeah! We must stand together. | ...

# **You're Beautiful** James Blunt

CD2 Track 20



**Musik und Text: Sacha Skarbek / James Blunt / Amanda Ghost**

## Akkorde (Kapodaster 3. Bund)

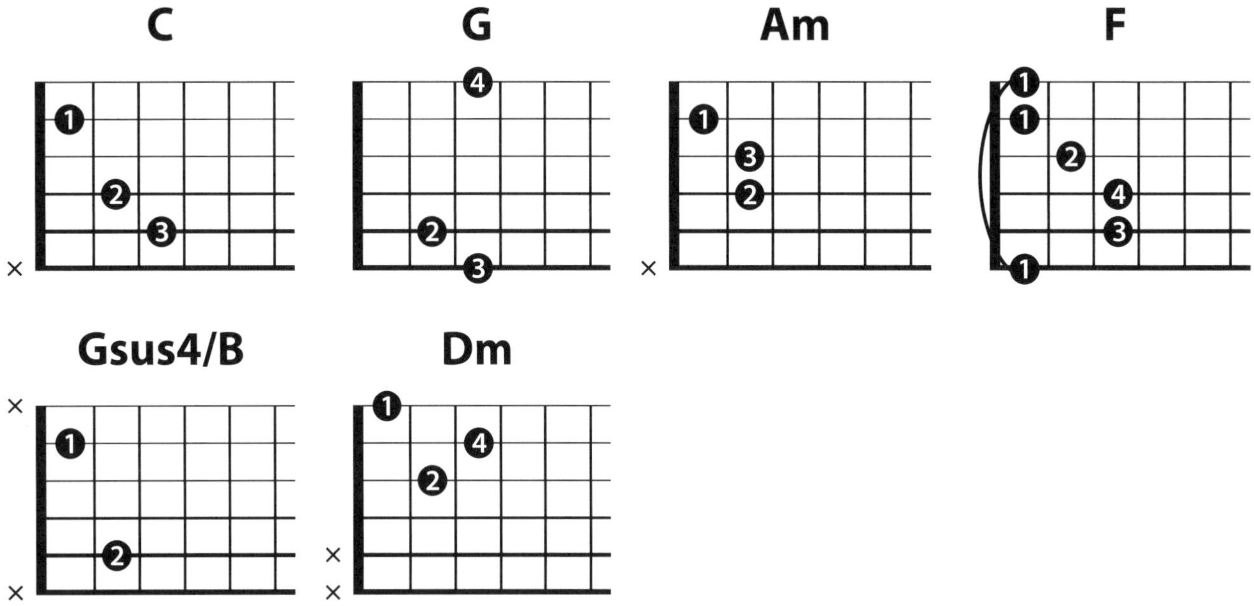


## Tabulatur

### Intro

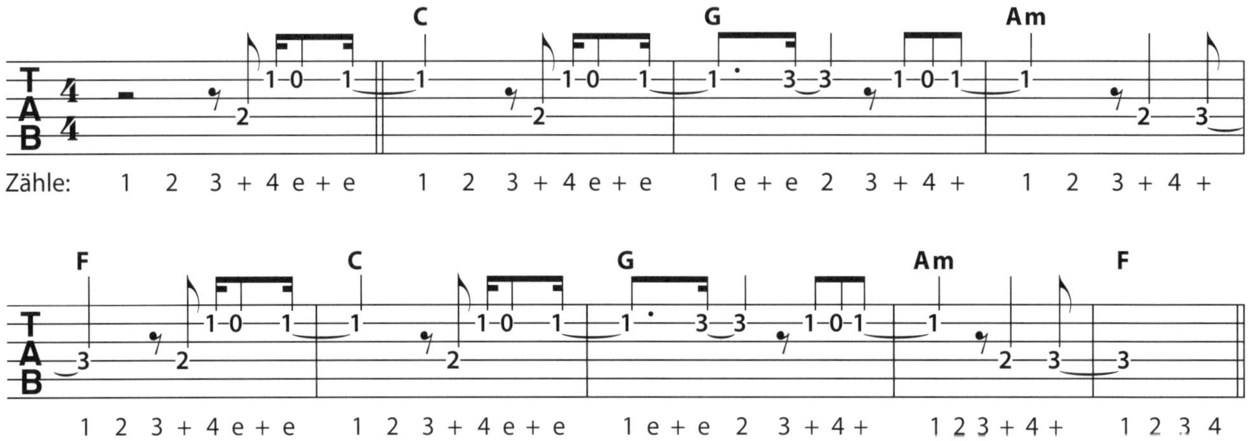


## Begleit-Rhythmus

### Strophe

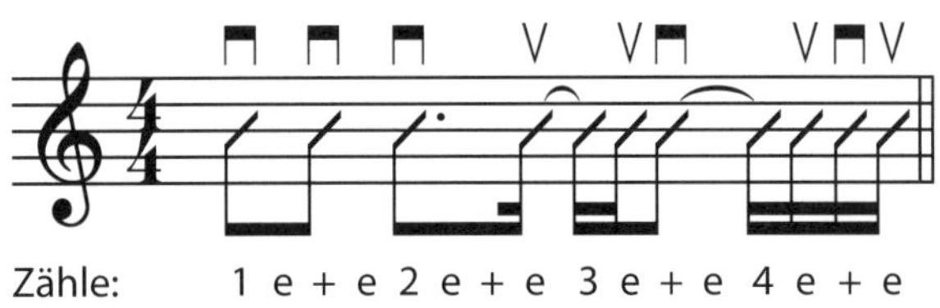


### Rhythmus bei 2 Akkorden pro Takt

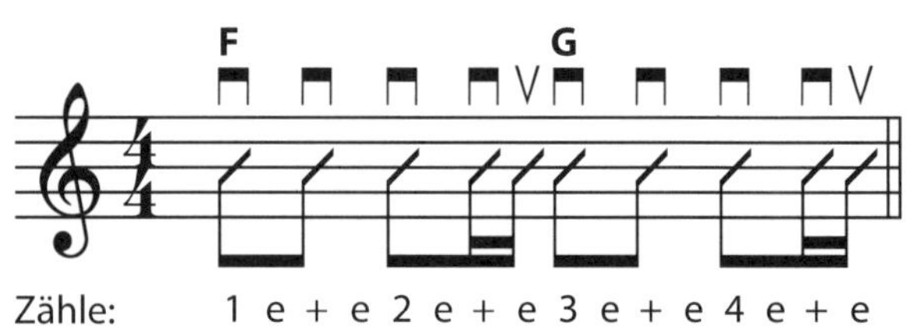

**Rhythmus 2/4-Takt in Refrain**

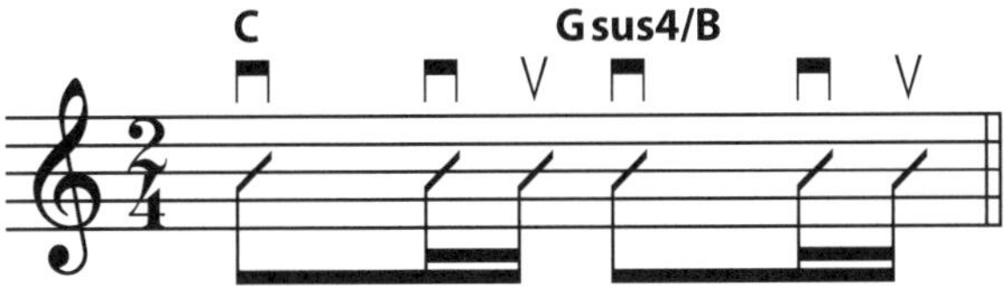


Zähle: 1 e + e 2 e + e

**Intro**

C G Am F C G Am F
My life is brilliant!

**Strophe 1**

C G Am F
My life is brilliant, my love is pure. I saw an angel of that I'm sure.

C G
She smiled at me on the subway, she was with another man.

Am
But I won't lose no sleep on that, 'cause I've got a plan.

**Refrain**

F G C F G C
You're beautiful, you're beautiful, you're beautiful it's true.

F G 2/4 C Gsus4/B 4/4 Am F G Am
I saw your face in a crowded place, and I don't know what to do

F G C G Am F
'cause I'll never be with you.

**Strophe 2**

C G Am
Yes she caught my eye as I walked on by, she could see from my face

F C G
that I was flying high. And I don't think that I'll see her again,

Am
but we shared a moment that will last 'til the end.

**Refrain**

F G C F G C
You're beautiful, you're beautiful, you're beautiful it's true.

F G 2/4 C Gsus4/B 4/4 Am F G Am
I saw your face in a crowded place, and I don't know what to do

F G C
'cause I'll never be with you.

**Interlude**

F Am F Am F Am Dm G
Nana-na na nana-na na nana-na na na

**Refrain**

F G C F G C
You're beautiful, you're beautiful, you're beautiful it's true.

F G 2/4 C Gsus4/B 4/4 Am
There must be an angel with a smile on her face

F G 2/4 C Gsus4/B 4/4 Am
when she thought up that I should be with you,

**Ending**

F G Am F *(Abschlag)* G *(Abschlag)* C *(Abschlag)*
but it's time to face the truth. I will never be with you.

Klaus Jäckle, Krzysztof Borkowski

# Guitar Guitar

**Die 100 schönsten Melodien von Klassik bis Pop**
**Für Gitarre – leicht bis mittelschwer arrangiert**

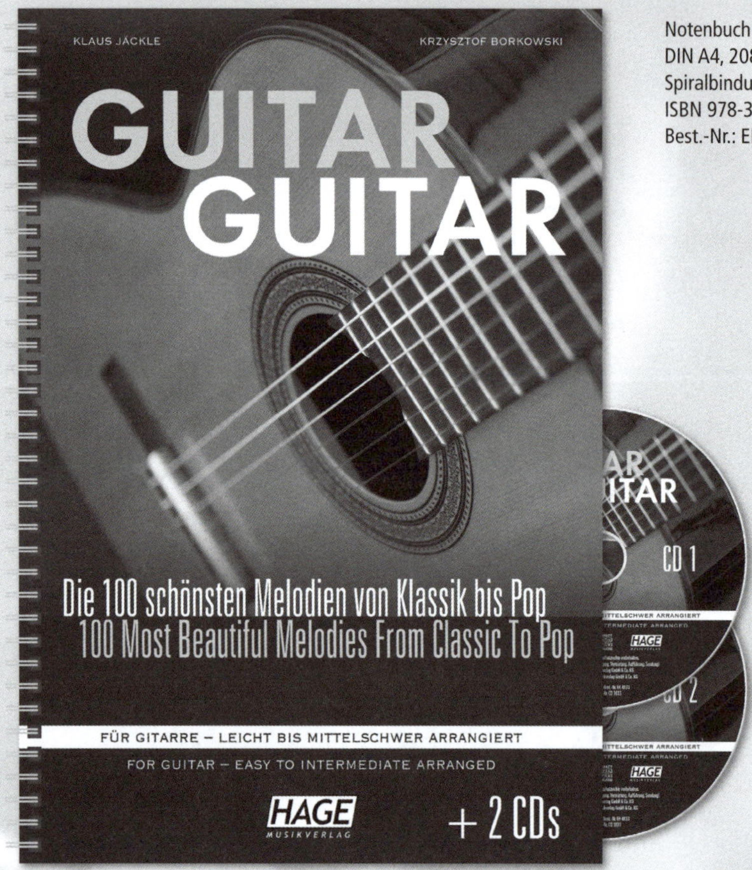


Notenbuch mit 2 CDs
DIN A4, 208 Seiten
Spiralbindung
ISBN 978-3-86626-398-7
Best.-Nr.: EH 3833

## Inhalt:

**Klassik:** Barcarole • Adagio Cantabile • Freude schöner Götterfunken • Der Frühling • Plaisir D'Amour • Tristesse • Für Elise • Candlelight Waltz • Guten Abend, gut' Nacht • Abendsegen • Andante • Die Moldau • Sinfonie Nr. 5 • Nocturne • Largo • Thema (Klavierkonzert Nr. 1) • Kanon in D-Dur • Romanze (Eine kleine Nachtmusik) • Morgenstimmung • An der schönen blauen Donau • Gefangenenchor • Ave Maria • Liebestraum Nr. 3 • O wie so trügerisch • Walzer • Thema (Schwanensee) • Largo • Solveigs Lied • Hochzeitsmarsch • Träumerei

**Lieder aus aller Welt / Evergreens:** Greensleeves • Santa Lucia • Danny Boy • Swanee River • La Sorella • Amazing Grace • Morning Has Broken • Das einsame Glöckchen • Taiga-Melodie • Verwehter Glockenklang • Schlafe, mein Prinzchen, schlaf ein • Stenka Rasin • Dark Eyes • Spanische Romanze • Malagueña • Recuerdos de la Alhambra • Asturias • Summertime • Guantanamera • El Condor Pasa • Manha da Carnaval • Aura Lee • Dolannes Melodie • O Mia Bella Napoli • O Sole Mio • Mack The Knife • My Way • La Paloma • Minor Swing • Scarborough Fair • Zum Geburtstag viel Glück

**Pop / Rock Hits:** Every Breath You Take • Knockin' On Heaven's Door • One Moment In Time • Yellow Submarine • Yesterday • Let It Be • Ain't No Sunshine • No Woman, No Cry • Über den Wolken • House Of The Rising Sun • Are You Lonesome Tonight • Summer Of 69 • As Tears Go By • Lambada • Fallen Leaves • Bridge Over Troubled Water • Streets Of London • Volare (orig. „Nel Blu Di Pinto Di Blu") • Samba Pa Ti • Hotel California • Wake Me Up When September Ends • Tears In Heaven • Behind Blue Eyes • Shoot The Moon • Nights In White Satin • A Whiter Shade Of Pale • River Flows In You • Without You • Somethin' Stupid • Nothing Else Matters • Is There Anybody Out There? • Why Worry • Losing My Religion

**Film / Musical:** Don't Cry For Me Argentina • Moon River • As Time Goes By • Gladiator • The Pink Panther • Speak Softly Love

Diese Sammlung der 100 schönsten und beliebtesten Melodien aus Klassik, Liedern aus aller Welt, Evergreens, Pop-/Rock-Hits und Filmmusik ist absolut einmalig. Sie enthält wundervolle klassische Werke von Mozart, Beethoven, Bach uvm., weltbekannte Lieder von z.B. Django Reinhardt, Francisco Tárrega, Isaac Albéniz, tolle Pop- und Rock-Klassiker von Eric Clapton, Santana oder den Beatles und legendäre Film- und Musical-Hits aus Der Pate, Evita oder Gladiator.

Die Autoren Klaus Jäckle und Krzysztof Borkowski verstehen es meisterhaft, weltbekannte Melodien originalgetreu, einfach spielbar und trotzdem abwechslungsreich für die Gitarre zu arrangieren. Die leichten bis mittelschweren Stücke sind sowohl für das Selbststudium als auch für den klassischen Gitarrenunterricht bestens geeignet. Aufgrund ihrer Qualität und des Umfangs bietet die Auswahl Fingerpicking-Spielern und klassischen Gitarristen gleichermaßen viel Spielspaß.

Im Gitarrenunterricht bietet Guitar Guitar eine willkommene Abwechslung und zusätzliche Motivation, denn viele Stücke sind bekannt und beliebt, jedoch selten in der herkömmlichen Gitarrenliteratur zu finden. Geübte Spieler finden in Guitar Guitar eine Fülle an tollen Spielstücken für jede Gelegenheit. Damit gehört das Buch in die Notenbibliothek jedes Gitarristen und ist so ein jahrelanger Begleiter. Neben der klassischen Notation sind die Stücke auch in Tabulaturschreibweise angegeben.

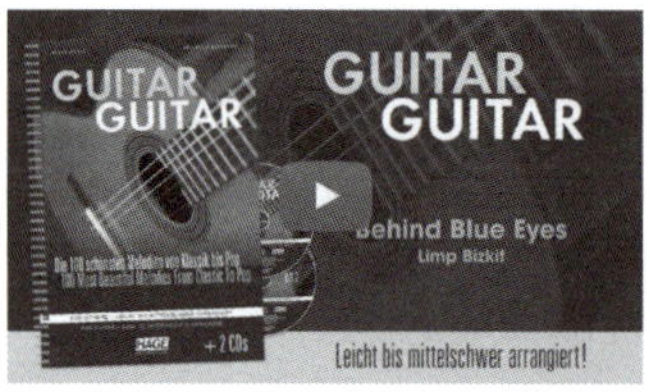


**SO BEWERTEN KUNDEN „GUITAR GUITAR"**

„Eine einzigartige und sehr große Sammlung, die in vielen Situationen perfekt passt: im Unterricht, als Vorspielstück oder einfach zum Spaß haben. Nicht zu schwer arrangiert, findet man hier 100(!) Lieder, die jeder kennt und gerne spielt. Ein Pflichtkauf für jeden Gitarristen."

HAGE
MUSIKVERLAG